高等职业教育新能源汽车类专业"互联网+"创新教材

新能源汽车驱动电机技术

第2版

主　编　何忆斌　侯志华
副主编　李　琼　易宏彬
参　编　刘　丹　周　云　杨　阳
主　审　尹万建

机械工业出版社

本书选取目前应用最广泛的几款新能源汽车驱动电机——直流电动机、交流感应电动机、永磁同步电动机、无刷直流电动机、开关磁阻电动机等作为学习目标，在详细介绍电磁学的基础上，对其结构、工作原理以及控制技术进行了详细的阐述。针对目前新能源汽车上使用非常多的能量回馈技术，也进行了专门阐述。

本书以情景式教学为基础，设计了9个学习情境，每个学习情境又分为若干个学习任务。每个学习任务开始前，详细地提示了学习目标与能力目标，同时提供一部分知识准备内容。在每个学习任务中，通过设置若干个问题引导，让学生先自行思考相关问题，再引入相关学习内容。

本书可作为本科院校、高等职业院校车辆工程、新能源汽车技术及其相关专业的教材，也可作为新能源汽车相关工程技术人员、管理人员和科研人员的参考用书。

本书单独配有学习工作页教材，方便进行实操训练。另外为了便于读者自主学习、提高学习效率，本书配备了二维码视频资源，可通过手机扫码观看。

本书还配有电子课件、试卷及答案等，凡使用本书作为教材的教师可登录机械工业出版社教育服务网（www.cmpedu.com）注册后免费下载。咨询电话：010-88379375。

图书在版编目（CIP）数据

新能源汽车驱动电机技术/何忆斌，侯志华主编. —2版. —北京：机械工业出版社，2021.5（2025.6重印）
高等职业教育新能源汽车类专业"互联网+"创新教材
ISBN 978-7-111-68152-6

Ⅰ.①新⋯ Ⅱ.①何⋯ ②侯⋯ Ⅲ.①新能源-汽车-驱动机构-高等职业教育-教材 Ⅳ.①U469.720.3

中国版本图书馆CIP数据核字（2021）第083220号

机械工业出版社（北京市百万庄大街22号　邮政编码100037）
策划编辑：葛晓慧　　责任编辑：葛晓慧
责任校对：潘　蕊　　责任印制：李　昂
北京联兴盛业印刷股份有限公司印刷
2025年6月第2版第11次印刷
184mm×260mm·11.25印张·276千字
标准书号：ISBN 978-7-111-68152-6
定价：37.00元

电话服务	网络服务
客服电话：010-88361066	机　工　官　网：www.cmpbook.com
010-88379833	机　工　官　博：weibo.com/cmp1952
010-68326294	金　　书　　网：www.golden-book.com
封底无防伪标均为盗版	机工教育服务网：www.cmpedu.com

序

  汽车产业是国民经济的支柱性产业,在国民经济和社会发展中发挥着重要作用。随着我国经济持续快速发展和城镇化进程加速推进,今后一段时期汽车需求量仍将保持增长势头,由此带来的能源紧张和环境污染问题将更加突出。加快培育和发展节能汽车与新能源汽车,既是有效缓解能源和环境压力,推动汽车产业可持续发展的紧迫任务,也是加快汽车产业转型升级、培育新的经济增长点和国际竞争优势的战略举措。为加快培育和发展节能与新能源汽车产业,国务院于2012年印发了《节能与新能源产业发展规划(2012—2020年)》,规划中明确了新能源汽车是指采用新型动力系统,完全或主要依靠新型能源驱动的汽车,主要包括纯电动汽车、插电式混合动力汽车及燃料电池汽车。其技术路线是以纯电驱动为新能源汽车发展和汽车工业转型的主要战略取向,当前重点推进纯电动汽车和插电式混合动力汽车产业化。国务院办公厅于2020年印发了《新能源产业发展规划(2021—2035)》,规划中明确了发展新能源汽车是我国从汽车大国迈向汽车强国的必由之路,是应对气候变化、推动绿色发展的战略举措。具体路径上,到2025年,我国新能源汽车市场竞争力明显增强,动力电池、驱动电机、车用操作系统等关键技术取得重大突破,安全水平全面提升。新能源汽车新车销售量达到汽车新车销售总量的20%左右,高度自动驾驶汽车实现限定区域和特定场景商业化应用,充换电服务便利性显著提高。2035年我国新能源汽车核心技术达到国际先进水平,质量品牌具备较强国际竞争力。增强技术创新能力方面,强调"三纵三横":以纯电动汽车、插电式混合动力(含增程式)汽车、燃料电池汽车为"三纵",布局整车技术创新链;以及以动力电池与管理系统、驱动电机与电力电子、网联化与智能化技术为"三横",构建关键零部件技术供给体系。

  近年来,众多高职院校相继开设了新能源汽车技术专业,2017年在教育部备案的院校数多达189所。为了更好地指导专业建设,全国机械职业教育教学指导委员会(以下简称机械行指委)将新能源汽车技术专业列入首批重点观测专业,开展专业标准建设工作。全国机械行业高职汽车类专业教学指导委员会(以下简称汽车专指委)于2017年1月15日在北京召开了新能源汽车技术专业标准建设专题工作会议,汽车专指委部分成员单位及企业近20名专家参加了会议,与会专家围绕新能源汽车技术专业课程体系、教学标准、教师标准、实训基地建设标准等进行了深入的研讨,并对新能源汽车技术专业核心课程教材开发达成了共识。

  本套教材由《电动汽车结构与原理》《新能源汽车使用与维护》《新能源汽车动力电池技术》《新能源汽车驱动电机技术》《新能源汽车电控技术》及相关工作页组成。本套教材理论与实践紧密结合，以任务为载体构建职业能力主线，以完成任务为目标系统地进行理论学习和技能训练，旨在培养学生的职业综合能力。希望本套教材的出版能够为丰富新能源汽车技术专业教学资源，提升专业人才培养质量发挥更大作用。

  教材编写团队由长春汽车工业高等专科学校、北京电子科技职业学院、深圳职业技术学院、湖南工业职业技术学院、湖南汽车工程职业学院、武汉软件工程职业学院等院校具有丰富教学经验的专家和北京卓创至诚技术有限公司、长春通立汽车服务有限公司等企业工程技术人员共同组成。在教材开发过程中得到了中国第一汽车集团公司新能源汽车分公司、北京新能源汽车股份有限公司、浙江吉利控股集团有限公司等企业的大力支持，在此表示衷心的感谢！

李春明

前言

　　能源短缺、环境污染、气候变暖是全球汽车产业面临的共同挑战,各国政府及产业界积极应对,纷纷提出各自的发展战略,新能源汽车已成为21世纪汽车工业的发展热点。

　　我国是一个能源短缺的国家,非常重视新能源汽车的研发。2020年,我国新能源汽车产销量超过136万辆,全球占比超过50%。

　　目前,各汽车制造商已向市场推出了众多的新能源汽车,汽车4S店需要具有相应技能的技术人员来承接新能源汽车的维护和维修作业。基于此,在总结了新能源汽车驱动电机及控制技术课程一定教学经验的前提下,结合1+X职业技能证书的要求,为适应新能源汽车行业新的发展形式,作者对《新能源汽车驱动电机技术》进行了修订。

　　为贯彻党的二十大精神,加强教材建设,推进教育数字化,编者在动态修订过程中,对本书内容进行了全面梳理,并增加了部分视频资源。

　　本书选取目前市面上应用最广泛的几款新能源汽车驱动电机——直流电动机、交流感应电动机、永磁同步电动机、无刷直流电动机、开关磁阻电动机等作为学习目标,在详细介绍电磁学的基础上,对其结构、工作原理以及控制技术进行了详细的阐述。针对目前非常多的新能源汽车上使用的能量回收技术,也专门进行了阐述。

　　本书以情景式教学为基础,设计了9个学习情境,每个学习情境又分为若干个学习任务。每个学习任务开始前,详细地提示了学习目标与能力目标,同时,提供一部分的知识准备内容。

　　在每个学习任务中,通过设置若干个问题引导,让学生先自行思考相关的问题,再引入相关的学习内容。在此之中通过国内新能源汽车企业的案例,有机地融合了课程思政元素。

　　本书由何忆斌、侯志华担任主编,李琼、易宏彬担任副主编,参与编写的还有刘丹、周云、杨阳。全书由何忆斌负责统稿,尹万建教授主审。

　　由于编者水平有限,书中难免存在疏漏和不足之处,恳请广大读者批评指正。

编　者

目录

序
前言

学习情境一 新能源汽车驱动电机基础知识 ... 1

学习任务1 新能源汽车驱动电机的发展历史 ... 2
学习任务2 新能源汽车驱动电机的基本知识 ... 4
学习任务3 电传动系统的典型结构 ... 7

学习情境二 新能源汽车驱动电机电磁基础 ... 13

学习任务1 磁路 ... 14
学习任务2 电磁感应 ... 25
学习任务3 变压器 ... 32
学习任务4 转子位置传感器 ... 38

学习情境三 功率变换电路 ... 42

学习任务1 电力电子器件 ... 43
学习任务2 AC/AC 变换电路 ... 54
学习任务3 AC/DC 变换电路 ... 65
学习任务4 DC/DC 变换电路 ... 71
学习任务5 DC/AC 变换电路 ... 77

学习情境四 直流电动机 ... 85

学习任务1 直流电动机的基本结构 ... 86
学习任务2 直流电动机的工作原理 ... 88
学习任务3 直流电动机的控制技术 ... 92
学习任务4 直流电动机的特点及应用 ... 99

学习情境五 交流异步电动机 ... 102

学习任务1 交流异步电动机的基本结构 ... 103

  学习任务 2 交流异步电动机的工作原理 ································· 104
  学习任务 3 交流异步电动机的控制技术 ································· 106
  学习任务 4 交流异步电动机的特点及应用 ······························· 113

学习情境六 永磁同步电动机 ·· 116

  学习任务 1 永磁同步电动机的基本结构 ································· 117
  学习任务 2 永磁同步电动机的工作原理 ································· 120
  学习任务 3 永磁同步电动机的控制技术 ································· 122
  学习任务 4 永磁同步电动机的特点及应用 ······························· 125

学习情境七 永磁无刷直流电动机 ··· 129

  学习任务 1 永磁无刷直流电动机的基本结构 ···························· 130
  学习任务 2 永磁无刷直流电动机的工作原理 ···························· 134
  学习任务 3 永磁无刷直流电动机的控制技术 ···························· 142
  学习任务 4 永磁无刷直流电动机的特点及应用 ·························· 147

学习情境八 开关磁阻电动机 ·· 151

  学习任务 1 开关磁阻电动机的基本结构 ································· 152
  学习任务 2 开关磁阻电动机的工作原理 ································· 153
  学习任务 3 开关磁阻电动机的控制技术 ································· 155
  学习任务 4 开关磁阻电动机的特点及应用 ······························· 160

学习情境九 能量回馈制动控制系统 ·· 164

  学习任务 1 能量回馈制动的控制策略 ····································· 165
  学习任务 2 能量回馈制动的基本原理 ····································· 166
  学习任务 3 能量回馈制动的回馈方式 ····································· 169

参考文献 ·· 172

学习情境一

新能源汽车驱动电机基础知识

- 新能源汽车驱动电机基础知识
  - 新能源汽车驱动电机的发展历史
  - 新能源汽车驱动电机的基本知识
  - 电传动系统的典型结构

学习任务1　新能源汽车驱动电机的发展历史

学习目标：了解新能源汽车驱动电机的发展历史。
能力目标：培养学生搜集和整理相关资料的能力。
素质目标：培养学生精益求精精神与工匠精神。

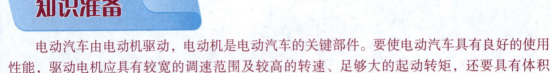

知识准备

电动汽车由电动机驱动，电动机是电动汽车的关键部件。要使电动汽车具有良好的使用性能，驱动电机应具有较宽的调速范围及较高的转速、足够大的起动转矩，还要具有体积小、质量轻、效率高、动态制动性强和能量回馈的性能。

问题引导1：电动机驱动与发动机驱动相比有哪些技术优势？

电动机驱动与发动机驱动相比具有两大技术优势：

1）由于发动机能高效产生转矩时的转速被限制在一个较窄的范围内，为此需通过庞大而复杂的变速机构来适应这一特性，而电动机可以在相当宽广的速度范围内高效地产生转矩。

2）电动机实现转矩的快速响应性指标要比发动机高出两个数量级，按常规来说，电气执行的响应速度都要比机械机构快几个数量级，因此随着计算机、电子技术的发展，用先进的电气控制来取代笨重、庞大而响应滞后的部分机械、液压装置已成为技术进步发展的必然趋势。它不但使各项性能指标大大提高，也使制造成本降低。

问题引导2：电机的发展历史是怎样的？

电机的发展历史见表1-1。

表1-1　电机的发展历史

年　代	事　件
1820年	丹麦物理学家奥斯特发现了电流磁效应：将导线的一端和伽伐尼电池正极连接，导线沿南北方向平行地放在小磁针上方，当导线另一端连接到负极时，磁针立即指向东西方向。把玻璃板、木片、石块等非磁性物体插在导线和磁极之间，甚至把小磁针浸在盛水的铜盒子里，磁针照样偏转。随后安培通过总结电流在磁场中所受机械力的情况建立了安培定律
1821年	法拉第发现通电的导线能绕永久磁铁旋转以及磁体绕载流导体的运动，第一次实现了电磁运动向机械运动的转换
1822年	法国的阿拉戈盖吕萨克发明了电磁铁原理，即用电流通过绕线的方法使其中的铁块磁化
1824年	法国人阿拉果转动悬挂着的磁针时发现其外围环上受到机械力，次年他重复这一实验时发现外围环的转动又使磁针偏转，这些实验导致了后来感应电动机的出现
1825年	斯特金（W. Sturgeon）用16圈导线制成了第一块电磁铁

（续）

年 代	事 件
1829年	美国电学家亨利对斯特金电磁铁装置进行了改进，用绝缘导线代替了裸铜导线，因此不必担心被铜导线过分靠近而短路。由于导线有了绝缘层，就可以将它们一圈圈紧紧地绕在一起，由于线圈越紧密产生的磁场就越强，这样就大大提高了把电能转化为磁能的能力
1831年	亨利试制出了一块更新的电磁铁，虽然它的体积并不大，但它能吸起1t的铁块
1831年	法拉第发现了电磁感应现象以后不久，他又利用电磁感应发明了世界上第一台真正意义上的电机——法拉第圆盘发电机。这台发电机构造与现代的发电机不同，在磁场中转动的不是线圈，而是一个纯铜做的圆盘。圆心处固定一个摇柄，圆盘的边缘和圆心处各与一个电刷紧贴。用导线把电刷与电流表连接起来，铜圆盘放置在蹄形永磁体的磁场中，当转动摇柄使铜圆盘旋转起来时，电流表指针偏向一边，电路中产生了持续的电流
1831年	亨利对法拉第的电机模型进行了改进，制作了一个简单的装置（振荡电动机）。该装置的运动部件是在垂直方向上运动的电磁铁，当它们端部的导线与两个电池交替连接时，电磁铁的极性自动改变，电磁铁与永磁体相互吸引或排斥，使电磁铁以每分钟75次的频率上下运动。这项发明第一次展示了由磁极排斥和吸引产生的连续运动，是电磁铁在电机中的真正应用
1832年	斯特金发明了换向器，据此对亨利的振荡电动机进行了改进，并制作了世界上第一台能产生连续运动的旋转电动机。后来他还制作了一个并励直流电动机
1832年	法国的皮克西在巴黎公开了一台永久磁铁型旋转式交流发电机并于一年后在发电机上安装了整流器，将交流电转换成直流电
1833年	楞次提出电动机、发电机原理——楞次定律，证明电动机与发电机是可逆的。但在1870年以前直流电动机和发电机仍在独立发展
1845年	英国的惠斯通用电磁铁代替永久磁铁并取得专利权，这是增强发电机输出功率的一个重要措施
1854年	丹麦的赫尔特发明了自励式电动机
1857年	英国的惠斯通发明了自励电磁铁型发电机
1860年	意大利的奇诺蒂发明了齿状电枢
1865年	意大利物理学家帕斯奇梯发明了环状发电机电枢，这种电枢是以在铁环上绕制线圈代替在铁心棒上绕制线圈，从而提高了发电机的效率
1866年	西门子的创始人维尔纳·冯·西门子制成自励、并励式直流发电机，制成了一架大功率直流发电机。1867年在巴黎世界博览会上展出第一批样机。这样西门子就完成了把机械能转换为电能的发明，从而开始了19世纪晚期的"强电"技术时代
1870年	格拉姆将T形电枢绕组改为环形电枢绕组，发明了直流发电机，在设计上直流发电机和电动机很相似，后来格拉姆证明向直流发电机输入电流其转子会像电动机一样旋转，于是这种格拉姆型发电机大量制造出来，效率也不断提高。格拉姆被人们誉为"发电机之父"
1873年	英国的麦克斯韦完成了经典电磁理论基础《电学和磁学论》；电机绕组发展为鼓型绕组，直流电动机具备了现代直流电动机的基本形式
1875年	比利时的格拉姆将改造后的发电机安装在法国巴黎北火车站发电厂，该厂是世界第一座火电厂
1876年	雅布洛奇科夫用交流发电机和开磁路式串联变压器为其"电烛"供电，这是交流电用于照明的开始，不久出现了原始形式的同步发电机和变压器
1880年	爱迪生观察到用异片铁心可以减少温升和能耗

(续)

年　代	事　件
1884 年	闭合磁路的变压器制成，推广使用
1885 年	费拉里斯提出两相交流感应电动机的模型。1886 年特斯拉也制成两相绕线转子交流异步电动机模型，1888 年他又在意大利科学院提出《利用交流电产生旋转磁场》的论文。特斯拉在爱迪生公司工作，由于爱迪生坚持只搞直流方式，因此他就把两相交流发电机和电动机专利卖给了西屋公司
1889 年	多列沃-多布罗沃尔斯基发明笼型三相交流异步电动机
1889 年	西屋公司在俄勒冈州建成了发电厂，1892 年成功地将 15000V 电压送到了皮茨菲尔德
1890 年	多列沃-多布罗沃尔斯基制成一架三相交流变压器
1891 年	奥斯卡·冯·米勒在法兰克福世界博览会上宣布：他与多里沃合作架设的从劳芬到法兰克福的三相交流发电机的电流经三相变压器提高到万伏，输送 175km 顺利通电，从此三相交流发电机很快代替了工业用直流发电机
1896 年	特斯拉的两相交流发电机在尼亚拉发电厂开始运营，3750kW、5000V 的交流电一直送到 40km 外的布法罗市
1902 年	瑞典工程师月尼尔森首先提出同步电动机构想

学习任务 2　新能源汽车驱动电机的基本知识

学习目标：了解电机的基本知识。
能力目标：培养学生搜集和整理相关资料的能力。
素质目标：培养学生良好的职业素养。

知识准备

术语和定义

（1）驱动电机系统　通过有效的控制策略将动力蓄电池提供的直流电转化为交流电，实现电机的正转以及反转控制。在减速/制动时将电机发出的交流电转化为直流电，将能量回收给动力蓄电池或者提供给超级电容等储能设备供给二次制动使用。

（2）驱动电机　将电能转换成机械能为车辆行驶提供驱动力的电气装置，该装置也可具备机械能转化成电能的功能。

（3）驱动电机控制器　控制动力电源与驱动电机之间能量传输的装置，由控制信号接口电路、驱动电机控制电路和驱动电路组成。

（4）直流母线　电压驱动电机系统的直流输入装置。

（5）额定电压　直流母线的标称电压。

（6）最高工作电压　直流母线电压的最高值。

（7）输入输出特性　表示驱动电机、驱动电机控制器或驱动电机系统的转速、转矩、功率、效率、电压、电流等参数间的关系。

(8) 持续转矩　规定的最大、长期工作的转矩。

(9) 持续功率　规定的最大、长期工作的功率。

(10) 工作电压范围　能够正常工作电压范围。

(11) 转矩-转速特性　转速特性一般是形容频率的曲线，转矩特性是确定电压上升的曲线。

(12) 峰值转矩　该驱动电机可以达到的并可以短时工作而不出现故障的最大转矩值。

(13) 堵转转矩　当机械设备转速为零（堵转）时的转矩。

(14) 最高工作转速　达到最高功率而呈现出来的最高速度。

问题引导1： 电动汽车对驱动电机的特性要求有哪些？

与传统工业驱动电机不同，电动汽车的驱动电机通常要求能够频繁地起动/停车、加速/减速，低速/爬坡时要求高转矩、高速行驶时要求低转矩并要求变速范围大。电动汽车对驱动电机的要求可归纳如下：

1. 高功率密度、轻量化

为了充分利用有限的车载空间，减小车辆质量，降低运行中的能量消耗，应尽量减小驱动电机的体积和质量。驱动电机可以采用铝合金外壳，各种控制装置和冷却系统等也要求尽可能轻量化和小型化。

在允许的范围内尽可能采用高电压，可以减小驱动电机的尺寸和控制器、导线等设备的尺寸，特别是可以降低逆变器的成本。

2. 全速段高效运行

一次充电续航里程长，特别是在车辆频繁起停或变速运行的情况下，驱动电机应具有较高的效率。

3. 低速大转矩及高速宽调速

即使没有变速器，驱动电机本身应能满足所需的转矩特性，以获得在起动、加速、行驶、减速、制动等各种运行工况下的功率和转矩要求。驱动电机应具有自动调速功能，可以减轻驾驶人的操作强度，提高驾驶的舒适度，并且能够达到与传统内燃机汽车同样的控制响应。

与低速电动机相比，高转速驱动电机的体积和质量较小，有利于降低整车装备的质量。

4. 高可靠性

在任何运行工况下驱动电机都应具有高可靠性，以确保车辆的行驶安全。

5. 安全性能

动力蓄电池组、驱动电机等强电部件的工作电压能达到300V以上，对电气系统的安全性和控制系统的安全性提出了更高的要求，新能源汽车驱动电机必须符合相关车辆电气控制的安全性能标准和规定。

6. 低成本、低噪声

为降低新能源汽车的使用成本，驱动电机的使用寿命应和车辆保持一致，真正实现节能环保的目标。

同时驱动电机还要求具有耐温和耐潮性能好、运行噪声低、结构简单、成本低、适合批量生产、使用维护方便等特点。

7. 能量回收

能量回收系统对于提高电动汽车的能量利用率具有重要意义。对驱动电机及电机控制器要求较高。

问题引导2： 驱动电机主要分为哪几类？

驱动电机可分为两大类，即有刷电动机和无刷电动机。习惯上将有换向器的直流电动机简称为直流电动机。由于技术成熟、控制简单，直流电动机曾在电力驱动领域有着突出的地位。实际上各类直流电动机包括（串励、并励、他励）和永磁直流电动机都曾在电动汽车上得到应用，但其电刷和换向器需要经常维护、可靠性低，正在被交流无刷电动机取代。

无换向器电动机包括异步电动机、永磁同步电动机、永磁无刷电动机、开关磁阻电动机等。无换向器电动机在效率、功率密度、运行成本、可靠性等方面明显优于传统的直流电动机，因此在现代电动汽车中获得广泛应用。驱动电机分类如下：

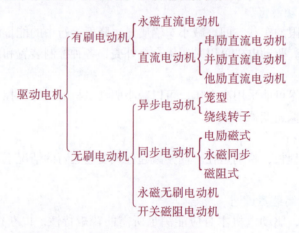

问题引导3： 新能源汽车驱动电机如何选择？

选择新能源汽车驱动电机的关键是电动机的机械特性。至今为止电动汽车采用的驱动电机主要包括：直流电动机、交流异步电动机、永磁同步电动机、直流无刷电动机和开关磁阻电动机。关于机械特性可以用转矩-转速特性和功率-转速特性曲线来表示，并可作为选择电动机的参考依据。

在选择新能源汽车的驱动电机时可以向电动机生产厂家提出所需要的各种性能参数，以作为电动机设计的依据。实际上大多数情况下是新能源汽车制造商根据电动机生产厂家提供的技术性能参数选择现成的电动机。可供电动汽车选用的电动机种类繁多，功率范围很广。新能源汽车对于驱动电机的调速范围、可靠性、在恶劣环境下的工作能力等方面有比较高的要求。

1. 额定电压的选择

电动机电压主要依据车辆总体参数的要求来设计，车辆的自重、蓄电池等相关参数确定后，才能确定电动机的电压、转速等参数。即当车辆自重确定后，蓄电池的个数就确定了，电动机的电压等级也随之确定。但总体要求是：尽可能提高电压等级，这样就可以使电动机在满足驱动要求的情况下，使电动机的功率小一些，电动机的电流也小一些，这样蓄电池的容量选择、安装空间、安装方式等就更容易处理。

2. 额定转速的选择

根据电动汽车的速度、动力性能的要求，需要选择不同转速的驱动电机。

（1）低速电动机　低速电动机的转速为 3000～6000r/min，扩大的恒功率区的低速电动机额定转矩高、转子电流大、电动机的尺寸和质量较大，且相应的转换器、控制器的尺寸也较大，各种电器的损耗较大，但减速器的速比较小。一般低速电动机的转动惯量大、反应慢，不太适用于电动汽车。

（2）中速电动机　中速电动机的转速为 6000～10000r/min，它的各种参数介于低速电动机和高速电动机之间。

（3）高速电动机　高速电动机的转速为 10000～15000r/min，扩大的恒功率区宽，尺寸和质量较小，相应的转换器和控制器的尺寸也较小，各种电器内在的损耗较小。但其减速器的速比要大大增加，通常需要采用行星齿轮传动机构。高速电动机的使用主要受电磁材料的性能、高速轴承的承载能力的限制。一般高速电动机的转动惯性小、起动快、停止也快，电动汽车常采用高速电动机作为驱动电机。

问题引导4： 电动汽车驱动电机性能对比是怎样的？

直流电动机的转动

电动汽车驱动电机性能对比见表1-2。

表1-2　电动汽车驱动电机性能对比

性能	交流异步电动机	永磁同步电动机	开关磁阻电动机
功率密度	一般	好	一般
转矩转速性能	好	好	好
转速范围/（r/min）	9000～15000	4000～10000	>15000
最大功率/kW	94～95	95～97	<90
可操作性	好	好	好
结构坚固性	好	一般	好
体积、质量	一般、一般	小、轻	小、轻
功率10%负荷率（%）	79～85	90～92	8～86

学习任务3　电传动系统的典型结构

学习目标： 了解电传动系统的典型结构。
能力目标： 培养学生搜集和整理相关资料的能力。
素质目标： 培养学生的工匠精神。

知识准备

与内燃机驱动的传统汽车相比,电动机驱动的电动汽车可方便地布置电动机驱动单元,既可以用一台电动机进行集中驱动,也可以用多台电动机分布于汽车的不同位置实现分布式驱动。

问题引导 1： 电动汽车驱动形式有哪些?

目前纯电动汽车驱动系统包括驱动电机和传动系统,按照驱动电机的分布和传动系统的形式,电动汽车驱动系统分为集中式驱动和分布式驱动两种。

1. 集中式驱动（图 1-1）

（1）单电机+变速器构型　该布置形式与传统汽车的布置形式基本相同,通常是在传统汽车的基础上改装而成的,把电动机放在原燃油发动机的位置,这种布置方式可以提高纯电动汽车的起动转矩,增加低速时纯电动汽车的后备功率。这种驱动系统布置形式有电动机前置-驱动桥前置、电动机前置-驱动桥后置等模式。但是这种驱动系统布置形式结构复杂、效率低,不能充分发挥驱动电机的性能。现在纯电动汽车很少采用这种布置形式。在此基础上还有一种简化的传统驱动系统布置形式,采用固定速比减速器,去掉离合器,这种驱动系统布置形式可减小机械传动装置的质量,缩小其体积。

（2）单电机直驱构型（图 1-2）　这种驱动系统布置形式即在驱动电机端盖的输出轴处加装减速齿轮和差速器等,电动机、固定速比减速器、差速器的轴互相平行,一起组合成一个驱动整体。它通过固定速比的减速器来放大驱动电机的输出转矩,但没有可选的变速档位,也就省掉了离合器。这种布置形式的机械传动机构布置紧凑,传动效率较高,便于安装,但对驱动电机的调速要求较高。按传统汽车的驱动模式来说,可以有电动机前置-驱动桥前置或电动机后置-驱动桥后置两种方式。这种驱动系统布置形式具有良好的通用性和互换性,便于在现有的汽车底盘上安装,使用、维修也较方便。

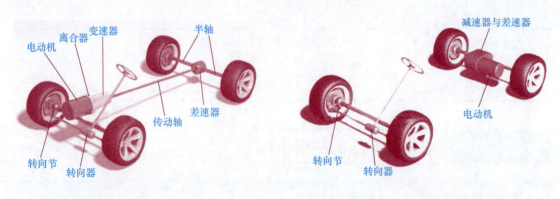

图 1-1　集中式驱动布置形式　　　　　图 1-2　单电机直驱构型

2. 分布式驱动

（1）多电机耦合驱动构型　双联式驱动系统也称为双电动机驱动系统,由左右两台永磁电动机直接通过固定速比减速器分别驱动车轮,左右两台电动机由中间的电控差速器控制,每个驱动电机的转速可以独立地调节控制,便于实现电子差速,不必选用机械差速器。

(2) 轮边电动机驱动构型(图1-3) 这是一种双电动机驱动形式,由左右两台电动机直接通过固定速比减速器分别驱动两个车轮,电动机直接连接轮毂,两个车轮转动没有直接连接,这种电动机称为轮边电动机。

每个电动机的转速可以独立地调节控制,通过电子差速器来解决左右半轴的差速问题,使得电动汽车更加灵活,在复杂的路况上可以获得更好的整车动力性能。由于采用电子差速器,传动系体积进一步减小,节省了空间,质量也进一步减轻,提高了传动效率。

轮毂电动机

(3) 轮毂电动机驱动构型(图1-4) 把电动机设计成饼状,直接安装在车轮的轮毂中,这种电动机称为轮毂电动机。轮毂电动机一端直接与轮毂固定,另一端直接安装在悬架上。此种布置形式进一步缩短了电动机和车轮之间的机械传动距离,进一步节省了空间。

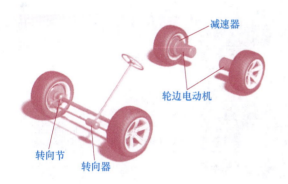

图1-3 轮边电动机驱动构型

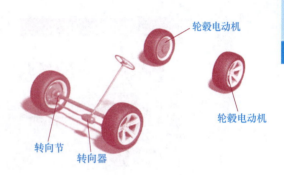

图1-4 轮毂电动机驱动构型

问题引导2: 驱动电机控制系统的结构组成是怎样的?

驱动电机控制系统一般由电动机、功率变换器、传感器和控制器组成。

驱动电机控制系统应根据其性能要求以及控制算法的复杂程度,选择比较合适的微处理器,较为简单的有单片机,复杂的可以选用 DSP 控制器,最新出现的电动机驱动专用芯片可以满足一些辅助系统电动机控制的需要。对于控制系统较为复杂的电动机控制器而言,控制芯片一般选用 DSP 控制器。

控制电路主要包括控制芯片及外围电路、A-D 采样电路、IGBT 驱动和保护电路、位置检测电路等几个部分。

功率变换器主电路采样三相全桥逆变电路,其功率开关器件一般采用 IGBT。在大电流、高频开关状态下,从电解电容到功率模块的杂散电感对功率电路的能耗、尖峰电压影响较大,因此采用层叠式母板使杂散电感尽可能小,以适应控制系统低电压、大电流的工作特点。

位置传感器安装在驱动电机内部，起着检测转子磁极位置，为逆变器提供正确换向信息的重要作用。位置传感器主要包括电磁式（旋转变压器）、光电式（光电编码器）、磁敏式（霍尔位置传感器）。

（1）旋转变压器　旋转变压器简称旋变，是一种输出电压随转子转角变化的器件。当励磁绕组以一定频率的交流电压励磁时，输出绕组的电压幅值与转子转角呈余弦函数关系，或保持一定比例关系或在一定转角范围内与转角呈线性关系。旋转变压器结构及输出波形如图1-5所示。

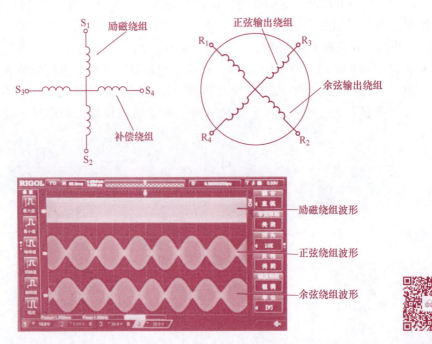

图1-5　旋转变压器电路及波形

旋转变压器工作原理及波形

（2）光电编码器　光电编码器是一种通过光电转换将输出轴的机械几何位移量转换成脉冲或数字量的传感器，这是目前应用最多的编码器。光电编码器由光栅盘和光电检测装置组成。

根据检测原理编码器可以分为光学式、磁式、感应式和电容式。根据其刻度方法及信号输出形式，可以分为增量式、绝对式以及混合式三种。

光电编码器的组成及输出波形如图1-6所示。

（3）霍尔位置传感器　霍尔位置传感器是一种磁传感器，霍尔传感器以霍尔效应为工作基础，一般是由霍尔元件和其附属电路组成的集成传感器，用它可以检测磁场变化。永磁同步电动机的转子为永磁体，通过霍尔传感器可以检测转子磁场的强度，确定转子位置。

霍尔传感器输出波形为矩形脉冲，是一种数字信号，表现为具有开关特性的磁开关。霍尔位置传感器的组成及输出波形如图1-7所示。

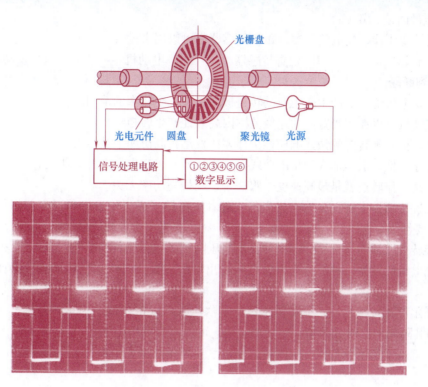

图 1-6 光电编码器的组成及输出波形

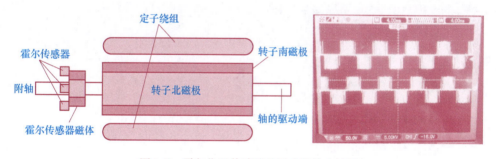

图 1-7 霍尔位置传感器的组成及输出波形

练习题

一、选择题

1. 下列部件中,哪个是电动汽车的关键部件?(   )

   A. 刮水器　　　　　B. 座椅调节电动机　　　C. 驱动电机　　　　　D. 阅读灯

2. 下面哪项不是要使电动汽车具有良好的使用性能,驱动电机应该满足的要求?(   )

   A. 较宽的调速范围、较高的转速

   B. 足够大的起动转矩、体积大

   C. 动态制动性强、质量小

相位对比测量

D. 能量回馈、效率高

3. 旋转变压器、光电编码器、霍尔传感器都可以用来做（　　）。

A. 执行器　　　　　B. 位置传感器　　　　C. 电动机　　　　　D. 发动机

二、判断题

1. 驱动电机能高效产生转矩时的转速被限制在一个较窄的范围内。（　　）
2. 电动机可以在相当宽广的速度范围内高效地产生转矩。（　　）
3. 电动机实现转矩的快速响应性指标要比发动机高出两个数量级。（　　）
4. 转速特性一般是形容频率的曲线，转矩特性是确定电压上升的曲线。（　　）
5. 最高工作转速就是最高速度，跟是否达到最高功率无关。（　　）
6. 位置传感器安装在驱动电机内部，起着检测转子磁极位置，为逆变器提供正确换向信息的重要作用。（　　）
7. 旋转变压器简称旋变，是一种输出电压随转子转角变化的器件。（　　）
8. 光电编码器是一种通过光电转换将输出轴的机械几何位移量转换成脉冲或数字量的传感器。（　　）
9. 霍尔位置传感器是一种磁传感器，霍尔传感器以霍尔效应为工作基础，一般是由霍尔元件和其附属电路组成的集成传感器，用它可以检测磁场变化。（　　）

学习情境二

新能源汽车驱动电机电磁基础

```
          新能源汽车驱动
          电机电磁基础
  ┌──────────┬──────────┬──────────┐
 磁路      电磁感应    变压器    转子位置
                                传感器
```

学习任务1　磁路

学习目标：了解磁路的基本概念、相关定律及其应用。
能力目标：培养学生归纳和学习相关资料的能力。
素质目标：培养学生的爱国主义情怀。

知识准备

我国是世界上公认的发明指南针的国家。早在春秋战国时期，我国劳动人民将用天然磁铁矿石制作成的勺子形的物体，放在光滑的、刻有方位、能确定方向的底盘上，从而制得指南针的始祖，古称司南，如图2-1所示。

图2-1　早期指南针

磁生电，电生磁。磁与人类的生产和生活紧密相关。发电机、电动机、变压器、荧光灯、电磁阀、继电器、收音机中的扬声器、电视机中的显像管、磁悬浮列车等，都是与磁分不开的。

电动机是一种机电能量转换装置，它以电场或磁场作为耦合场，由于磁场在空气中储能密度较电场大，所以绝大多数电动机以磁场为耦合场，以电磁感应作用来实现机电能量的转换。电动机中磁场的强弱和分布，不仅关系到电动机的性能，还决定了电动机的体积和自重，因此，掌握磁场的分析和计算对认识电动机非常重要。

问题引导1：磁场是如何产生的？

磁场是由运动电荷或变化的电场产生的，磁场的基本作用是能对其中的运动电荷施加作用力。与磁场相关的定义和物理量介绍如下。

1. 磁铁

物体有吸引铁、钴、镍一类物质的性质称为磁性。具有磁性的物体称为磁体。磁体可分为天然磁体和人造磁体。常见的天然磁体有磁铁矿（通常称天然磁石），常见人造磁体有条形磁铁、蹄形磁铁和小磁针等，如图2-2所示。

2. 磁极

磁体上磁性最强的两端称为磁极。任何磁体，无论多小，都有两个磁极，即磁极总是成

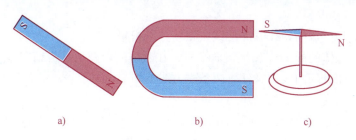

图 2-2 常见人造磁铁

a）条形磁铁 b）蹄形磁铁 c）小磁针

对出现并且强度相等，不存在独立的磁极。可以在水平面内自由转动的磁体，静止时总是一个磁极指向南方，另一个磁极指向北方，指向南方的称为南极，记作 S（极），常用蓝颜色标记；指向北方的称为北极，记作 N（极），常用红颜色标记。

磁极之间存在着相互作用力，而且同名磁极相斥，异名磁极相吸，如图 2-3 所示。

3. 磁场

磁极之间的相互作用力是通过磁极周围的磁场传递的。磁场是磁体周围存在的一种特殊的物质。磁场和电场一样，是物质存在的另一种形式，是客观存在的物质，具有力和能的特征。

电能生磁

小磁针的"指南""指北"性表明地球本身就是一个大磁体。小指针的北极指向地磁南极，小指针的南极指向地磁北极。地磁北极在地理南极附近，地磁南极在地理北极附近。地球的地磁极和地理极之间的偏角称为磁偏角，各个地方的磁偏角大小是不同的。在我国磁偏角最大可达 6°，平均为 2°~3°。

与电场中用检验电荷检验电场存在的方法相似，可借磁极之间存在相互作用力的特性，用小磁针来检验某一个磁体周围磁场的存在，如图 2-4 所示。

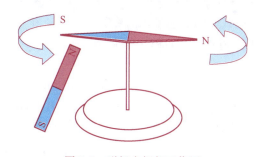

图 2-3 磁极之间相互作用

图 2-4 在磁场中小磁针方向

人们规定磁场的方向为：在磁场中的任意一点，小磁针北极所指的方向就是这一点的磁场方向。

4. 磁力线

磁场是一种特殊的物质，不能被肉眼所看到。人们通过铁屑在磁场的作用下形成的图案，即一组闭合的曲线来描述这种磁场。这种形象地描绘磁场的曲线，称为磁力线。

磁力线的验证

磁力线有如下特点：
1）磁力线上每一点的切线方向与该点磁场方向相同。
2）磁力线在磁体的外部从 N 极指向 S 极，在磁体的内部从 S 极指向 N 极。
3）磁力线是闭合的曲线，且任意两条磁力线不相交。
4）磁力线的疏密表示磁场强弱的程度。

图 2-5 所示分别为条形磁铁和蹄形磁铁的磁力线。地球本身就是一个巨大的磁体，地球的磁场与条形磁铁的磁场相似。

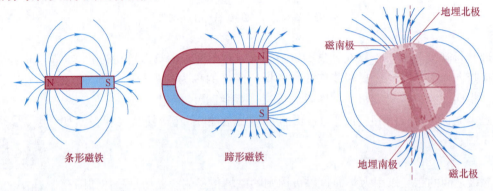

图 2-5　不同磁铁的磁力线方向

在某一区域内，若磁场的强弱和方向都相同，这部分磁场称为均匀磁场。

5. 磁感应强度

磁感应强度又叫磁通密度，它是表示磁场内某点磁场强弱的物理量，是表征磁场特性的基本场量。其大小是通过垂直于磁场方向单位面积的磁力线数目，符号为 B。

磁感应强度 B 的单位在国际单位制中是特斯拉，简称特，符号 T；在电磁单位制（CGS）中为高斯（gauss），符号为 Gs（非法定计量单位）。两者的关系为 $1T = 10^4 Gs$。

6. 磁通

在磁场中，穿过任意一面积的磁力线总量称为该截面的磁通量，简称磁通，符号为 Φ。均匀磁场中，磁通等于磁感应强度 B 与垂直于磁场方向的面积 S 的乘积

$$\Phi = BS \tag{2-1}$$

磁通是一个标量，它的单位在国际单位制中为韦伯（weber），简称韦，符号为 Wb；在电磁单位制中磁通的单位为麦克斯韦，简称麦，符号为 Mx（非法定计量单位）。$1Mx = 10^{-8} Wb$。

均匀磁场中，磁感应强度可以表示为单位面积上的磁通，即

$$B = \frac{\Phi}{S} \tag{2-2}$$

所以磁感应强度也称为磁通密度。

7. 磁导率

磁导率是表示物质导磁性能的参数，用符号 μ 表示，单位是亨每米（H/m）。

真空中的磁导率一般用 μ_0 表示，$\mu_0 = 4\pi \times 10^{-7} H/m$。空气、铜、铝和绝缘材料等非铁磁材料的磁导率和真空磁导率大致相同，而铁、镍、钴等铁磁材料及其合金的磁导率比真空磁导率 μ_0 大很多，为其 $10 \sim 10^5$ 倍。

把物质磁导率与真空磁导率的比值定义为相对磁导率，用符号 μ_r 表示，则铁磁材料的磁导率可以表示为

$$\mu = \mu_r \mu_0 \qquad (2\text{-}3)$$

相对磁导率是一个无量纲的参数。非铁磁材料的相对磁导率 μ_r 接近于 1，而铁磁材料的 μ_r 远远大于 1。电动机和变压器中所使用的铁磁材料的相对磁导率一般在 2000~80000。

8. 磁场强度

在各向同性的媒质中，磁场中某点的磁感应强度与该点磁导率的比值定义为该点的磁场强度，用符号 H 表示，即

$$H = \frac{B}{\mu} \qquad (2\text{-}4)$$

式中　H——磁场强度（A/m）；
　　　B——磁感应强度（T）；
　　　μ——磁导率（H/m）。

磁场强度只与产生磁场的电流及电流的分布有关，与磁介质的磁导率无关，单位为安每米（A/m）。磁场强度概念的引入只是为了简化计算，没有物理意义。

> **问题引导 2：** 磁路是怎么一回事？

电动机和变压器是利用磁场作为介质来实现能量变换的装置，在电机学和一般的工程分析中，通常将电动机和变压器中复杂的电磁场问题进行简化，用磁路和等效电路的方法来分析。

磁通所通过的路径称为磁路。图 2-6 所示为两种常见的磁路，其中图 2-6a 所示为变压器磁路，图 2-6b 所示为直流电动机磁路。

电动机和变压器中，常把线圈套装在铁心上。当线圈内有电流流过时，线圈周围（包括铁心内外）形成磁场。由于铁心导磁性能比空气好得多，因此，大部分磁通在铁心内部通过，称为主磁通，相应的路径为主磁路；少量的磁通经过部分铁心和空气而闭合，这部分磁通为漏磁通，漏磁通经过的路径为漏磁路。

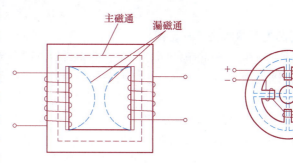

图 2-6　两种常见的磁路
a）变压器磁路　b）直流电动机磁路

用来产生磁通的电流叫励磁电流。根据励磁电流的特质不同，磁路又分为直流磁路和交流磁路。

1. 全电流定律

麦克斯韦将安培环路定律推广为全电流定律，即在磁路中，沿任一闭合路径上的总磁压，即磁场强度矢量的线积分 $\oint_L H dl$ 等于该闭合回路所包围的面内穿过的全部电流的代数和，用公式表示为

$$\oint_L H dl = \sum I = NI \qquad (2\text{-}5)$$

式中　N——闭合路径所交链的线圈匝数。

当电流的方向与闭合路径的环形方向符合右手螺旋定则时，电流 I 取正号，否则取负号。若沿着闭合回路，磁场强度 H 的方向总在切线方向，且大小处处相等，则式（2-5）可表示为

$$Hl = NI \tag{2-6}$$

2. 磁路的欧姆定律

由于磁场强度等于磁通密度除以磁导率，即 $H = B/\mu$，且在均匀磁场中有磁通密度 $B = \Phi/S$，所以式 $Hl = NI$ 可表示为

$$Hl = \frac{B}{\mu}l = \frac{\Phi}{\mu S}l = \Phi\frac{l}{\mu S} = \Phi R_m \tag{2-7}$$

或

$$F = NI = Hl = \Phi R_m = \frac{\Phi}{\Lambda_m} \tag{2-8}$$

其中，F 为作用在铁心磁路上的安匝数，$F = NI$，称为磁路的磁动势，它是磁路中产生磁通的根源，简称磁动势；R_m 为磁路的磁阻（A/Wb），$R_m = l/(\mu S)$；Λ_m 为磁路的磁导，$\Lambda_m = 1/R_m$。

式（2-8）表明，作用在磁路上的总磁动势 F 等于磁路内磁通量 Φ 与磁路磁阻 R_m 的乘积，它与电路中的欧姆定律在形式上十分相似，称为磁路的欧姆定律。其中磁动势 F 与电路中的电动势 E 对应，磁通量 Φ 与电路中电流对应，则磁阻与电路中电阻对应。

磁阻 R_m 的大小与磁路的平均长度 l 成正比，与磁路的截面积 S 及构成磁路材料的磁导率 μ 成反比。值得注意的是，铁磁材料的磁导率 μ 不是常数，所以由铁磁材料构成的磁路，其磁阻也不是常数，而是随着磁路中磁通密度的大小而变化，即铁磁材料的磁路具有非线性。

3. 磁路的基尔霍夫第一定律

如果铁心不是一个简单的闭合回路，而是带有并联分支的分支磁路，从而形成了磁路的节点。当忽略漏磁通时，在磁路中任何一个节点处，磁通的代数和恒等于零，即

$$\sum \Phi = 0 \tag{2-9}$$

式（2-9）与电路的基尔霍夫第一定律 $\sum i = 0$ 形式上相似，称为磁路的基尔霍夫第一定律，也叫磁路连续性定律。此定律表明穿出（或进入）任一闭合面的总磁通恒等于零（或者说，进入任一闭合面的磁通是恒等于穿出该闭合面的磁通）。

当中间铁心柱上加有磁动势 F 时，磁通的路径如图2-7所示。如令进入闭合面 A 的磁通为负，穿出闭合面的磁通为正，则有

$$-\Phi_1 + \Phi_2 + \Phi_3 = 0 \tag{2-10}$$

4. 磁路的基尔霍夫第二定律

工程上遇到的磁路并不都是采用同一种铁磁材料构成，磁路中可能含有气隙，各处的截面积也不一定相同，比如电动机和变压器的磁路总是由数段不同截面和不同铁磁材料的铁心组成。磁路计算时，总是把整个磁路分成若干段，每段为同一材料和相同截面积，且各段内磁通密度处处相等，从而磁场强度也处处相等。

如图2-8所示，磁路由三段组成，其中两段为截面积不同的铁磁材料，第三段为气隙。若铁心上的磁动势 $F = NI$，根据安培环路定律，有

$$NI = \sum_{k=1}^{3} H_k l_k = H_1 l_1 + H_2 l_2 + H_\delta \tag{2-11}$$

或

$$\sum NI = \sum Hl \tag{2-12}$$

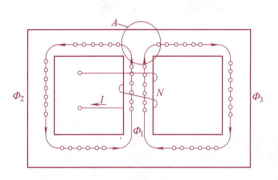

图 2-7 磁路的基尔霍夫第一定律

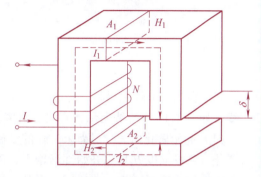

图 2-8 磁路的组成

式（2-12）表明：在磁场中的任何一个闭合回路中，磁压降的代数和等于磁动势的代数和，磁场的方向与回路环行方向一致时，Hl 符号为正，否则为负；电流的方向与回路环行方向符合右手螺旋定则时，NI 符号为正，否则为负。可以看出，此公式与电路的 $\sum E = \sum U$ 形式上相似，所以式（2-12）称为磁路的基尔霍夫第二定律。

值得注意的是，磁路定律和电路定律只是形式上的相似，它们的物理本质是不同的。

问题引导3： 铁磁材料有哪些性质？

物质按其磁化效应可分为铁磁材料和非铁磁材料两大类。非铁磁材料，如空气、铜、铝、橡胶等，它们的磁导率与真空磁导率接近，工程计算时近似认为相等。铁磁材料是由铁磁物质构成，主要有铁、镍、钴及其合金等，铁磁材料的磁导率比真空大很多。

在电动机和变压器中，要求在一定的励磁电流下产生较强的磁场，以减小其体积和重量，所以电动机和变压器铁心都采用磁导率较高的铁磁材料制成。下面对铁磁材料的性能和特性进行简单介绍。

1. 铁磁材料的磁化

铁磁材料可看作由无数小的磁畴组成，如图 2-9 所示。图 2-9 中，磁畴用一些小的磁铁表示出来。铁磁材料在不受外磁场作用时，这些磁畴杂乱无章排列，其磁效应相互抵消，对外不显示磁性。当铁磁材料受到外磁场作用时，磁畴在外磁场作用下，轴线趋于一致，内部形成一个附加磁场，叠加在外磁场上，使合成磁场大为增强。铁磁材料这种在外磁场作用下呈很强的磁性的现象，叫作铁磁材料的磁化。

正是由于铁磁材料具有磁化特性，其磁导率才较非铁磁材料大得多。所以，磁化是铁磁材料的重要特性之一。

2. 磁化曲线和磁滞回线

铁磁材料的磁化特性可用磁化曲线来表示。所谓磁化曲线是表示磁场强度 H 与磁通密度 B 之间关系的特性曲线。

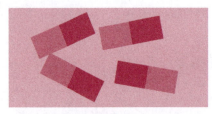 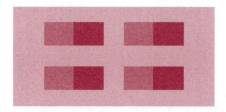

未磁化　　　　　　　　　　　　磁化后

图 2-9　铁磁材料的磁化

对于空气等非铁磁材料，磁通密度 B 与磁场强度 H 之间呈线性关系，即磁化曲线为一直线，如图 2-10 中虚线所示，直线的斜率就等于 μ_0。下面讨论铁磁材料的磁化曲线。

(1) 起始磁化曲线　对尚未磁化的铁磁材料进行磁化，磁场强度 H 从零开始逐渐增大，磁通密度 B 也从 0 开始逐渐增加，曲线 $B=f(H)$ 就称为铁磁材料的起始磁化曲线。

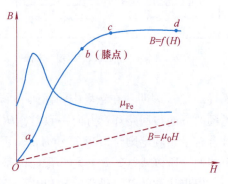

图 2-10　铁磁材料的起始磁化曲线

从图 2-10 可见，起始磁化曲线大致可分为 4 段。第一段：Oa 段，这一段 H 从 0 开始增加，值较小，即外磁场较弱，磁通密度增加得不快。此阶段材料磁导率较小。第二段：ab 段，这一段中随着外磁场的增强，材料内部大量磁畴开始转向，趋向于与外磁场方向一致，所以磁通密度 B 增加很快，B 与 H 近似为线性关系，磁导率很大且基本不变。第三段：bc 段，随着外磁场继续增强，大部分磁畴已趋向外磁场方向，可转向的磁畴越来越少，磁通密度 B 增加越来越少，磁导率随 H 的增大反而减小，这种随着磁场强度 H 增加，而磁通密度 B 增加很小的现象称为磁饱和现象，通常称为饱和。第四段：cd 段，在这一段中，虽然外磁场继续增强，但磁通密度改变很小，其磁化曲线基本上与非铁磁材料的 $B=\mu_0 H$ 特性曲线平行。

所以，铁磁材料的起始磁化曲线与非铁磁材料的不同，是非线性的，在不同的磁通密度下有不同的磁导率，即 $\mu_{Fe}=B/H$，随 H 大小变化而变化，如图 2-10 中的曲线 μ_{Fe}。

在电动机和变压器设计中，为了产生较强的磁场，希望铁磁材料有较高的磁导率，而励磁磁动势又不能太大，所以设计时通常把磁通密度选在图 2-10 中的 b 点附近，该点为磁化曲线的拐弯处，称为膝点。

(2) 磁滞回线　若铁磁材料处于交变的磁场中，将进行周期性磁化，此时 B 和 H 之间的关系变为图 2-11 所示的磁滞回线。当磁场强度 H 从零增加到最大值 H_m 时，铁磁材料饱和，磁通密度也为最大值 B_m；之后减小 H，B 不是沿着起始磁化曲线下降，而是沿曲线 ab 下降；当 H 减小到零时，B 不是零，而等于 B_r，在去掉外磁场后，铁磁材料内还保留磁通强度 B_r，把这时的磁通密度叫作剩余磁通密度，简称剩磁。

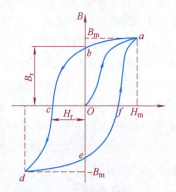

图 2-11　磁铁材料的磁滞回线

这种磁通密度 B 的变化落后于磁场强度 H 的变化的现象，叫磁滞现象。要想使剩磁为零，必须对材料进行反向磁化，即加上相应的反向磁场。当反向磁场 H 为 $-H_c$ 时，磁通密度 B 将为零，此时的磁场强度 H_c 称为矫顽力。剩磁 B_r 和矫顽力 H_c 是铁磁材料的两个重要参数。

磁滞现象是铁磁材料的又一个重要特性。由于存在磁滞现象，当对称交变的磁场强度在 $+H_m$ 和 $-H_m$ 之间变化，对铁磁材料反复磁化时，得到图 2-12 所示的近似对称于原点的 B—H 闭合曲线，称为磁滞回线。

（3）基本磁化曲线 对同一铁磁材料，选择不同的磁场强度 H_m 值的对称交变磁场进行反复磁化，可得到一系列磁滞回线，如图 2-11 所示，将各磁滞回线在第Ⅰ、Ⅲ象限的顶点连接起来，所得到的曲线称为基本磁化曲线，基本磁化曲线一般只使用第Ⅰ象限。

基本磁化曲线不是起始磁化曲线，但与起始磁化曲线差别不大。对一定的铁磁材料，基本磁化曲线是比较固定的。直流磁路计算时，所用的磁化曲线都是基本磁化曲线。

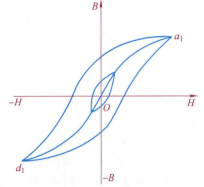

图 2-12 基本磁化曲线

3. 铁磁材料的分类

铁磁材料根据磁滞回线形状及其在工程上的不同应用，可分为三大类。

（1）**硬磁材料** 其特点是磁滞回线很宽，这类材料难磁化、难退磁，所以也称为永磁材料，如钴钢、碳钢等。它们用于制造永久铁磁和扬声器的磁钢等。

（2）**软磁材料** 其特点是磁滞回线较窄，这类材料易磁化，也容易退磁，如硅钢片、铸铁等。它们用于制造电机、变压器和继电器的铁心等。

（3）**矩磁材料** 其特点是磁滞回线接近矩形，这类材料在很弱的磁场中就能磁化，撤掉外磁场后，仍能保持与磁饱和状态相同的状态，如锰-镁铁氧体、锂-镁铁氧体等。它们用于制造计算机中磁存储元件的磁心、磁棒和磁膜等。

旋转磁场

在铁心的外部缠绕与其功率相匹配的导电绕组，这种通有电流的线圈磁铁一样具有磁性，人们称它为电磁铁。最常见的是把它制成条形或蹄形铁，使铁心更容易磁化，另外，为了使电磁铁断电立即消磁，往往采用消磁较快的软铁和硅钢材料来制作铁心。这样的电磁铁在通电时有磁性，断电后磁性就随之消失。电磁铁在日常生活中有着极其广泛的应用，由于它的发明，电机的功率得到了很大的提高。

问题引导 4： 什么是旋转磁场？

旋转磁场是磁感应矢量在空间以固定频率旋转的一种磁场，是电能和转动机械能之间相互转换的基本条件。其广泛应用于交流电动机、测量仪表等装置中。

1. 旋转磁场的产生

若使异步电动机转子转动起来，必须要有旋转磁场，如何简单、方便地产生旋转磁场呢？理论证明，如果在三相定子绕组中通以三相对称交流电流，就可以产生旋转磁场。不仅可以产生两级的旋转磁场，而且还可以产生四级、六级等旋转磁场。

图 2-13a 所示为三相异步电动机定子的横剖面，三相绕组为 U_1U_2、V_1V_2、W_1W_2，三个

绕组在空间的位置彼此相差120°。

图2-13b所示是一相绕组，在每一相绕组中有若干个线圈，它们按一定规律进行连接。定子铁心中有很多槽孔，这些线圈均匀分布在定子铁心槽孔中。

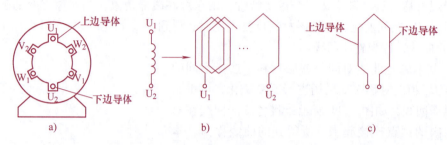

图2-13 定子绕组

为了便于分析问题，通常将这些线圈等效为一个线圈（图2-13c），并集中放置在两个槽孔中，如将 U_1U_2 相绕组线圈等效的上边导体放在上槽孔中，下边导体放在下槽孔中，两者在空间间隔180°，如图2-13a所示。V_1V_2、W_1W_2 绕组的放置与 U_1U_2 绕组类似。

假设将三相定子绕组接成星形，U_2、V_2、W_2 接于一点，U_1、V_1、W_1 分别接于三相对称电源，如图2-14a所示。由于三相绕组完全相同，便有对称的三相交流电流流入相应的定子绕组中，各相绕组中的电流分别为

$$i_U = I_m \sin\omega t \tag{2-13}$$
$$i_V = I_m \sin(\omega t - 120°) \tag{2-14}$$
$$i_W = I_m \sin(\omega t - 240°) \tag{2-15}$$

其波形如图2-14b所示。

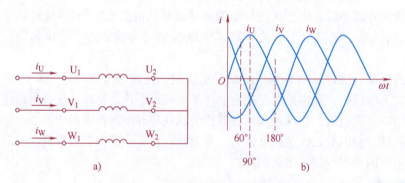

图2-14 三相绕组及流入电流波形

定子绕组流入三相对称交流电流后，便会在电动机内产生旋转磁场，下面取不同时刻来进行分析。假定三相电流由各绕组首端流入，并从各绕组末端流出的电流为正，反之则为负。仍用"×"表示电流流入纸面，用"·"表示电流流出纸面。

在 $\omega t = 0°$ 时，由图2-14b可以看出电流瞬时值分别为：$i_U = 0$，i_V 为负，则电流 i_V 从末端 V_2 流入，从首端 V_1 流出；i_W 为正，则电流 i_W 从首端 W_1 流入，从末端 W_2 流出。根据右手螺旋定则可以判断出该瞬间在空间所产生的是两极的合成磁场，上为N极，下为S极，如图2-15a中，磁极对数 $p = 1$。

$\omega t = 60°$ 时，i_U 为正，则电流 i_U 从 U_1 流入，从 U_2 流出；i_V 为负，则电流 i_V 从 V_2 流入，从 V_1 流出，$i_W = 0$。其合成磁场仍为两极磁场，但 N、S 极在空间顺时针方向转过 60°，如图 2-15b 所示。

$\omega t = 90°$ 时，i_U 为正，则电流 i_U 从 U_1 流入，从 U_2 流出。i_V 为负，则电流 i_V 从 V_2 流入，从 V_1 流出。i_W 为负，则电流 i_W 由 W_2 流入，从 W_1 流出。所形成的两极合成磁场在空间旋转到了 90°位置，如图 2-15c 所示。

同理，当 $\omega t = 180°$ 时，合成磁场在空间旋转到了 180°位置，如图 2-15d 所示。

综上分析可以看出：在空间相差 120°角的三相绕组中通入对称三相电流，产生的是一对磁极（即 $p = 1$）的旋转磁场，当电流经过一个周期的变化（即 $\omega t = 0° \sim 360°$）时，合成磁场也顺时针方向旋转了 360°的空间角度。

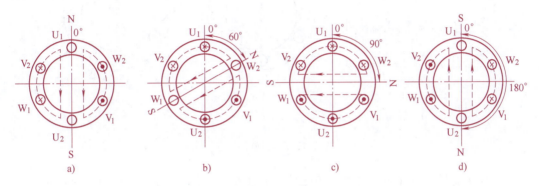

图 2-15 三相电流产生的旋转磁场

2. 旋转磁场的转向

图 2-14 所示的三相电流的相序是 U—V—W，即 $U_1 U_2$ 绕组流入的是电源的 U 相电流，$V_1 V_2$ 绕组流入的是电源的 V 相电流，$W_1 W_2$ 绕组流入的是电源的 W 相电流。它们所产生的旋转磁场是顺时针方向。

若改变通入三相绕组中电流的相序，即将任意两相进行调换，如 V、W 互换，也就是使 i_V 电流流入 $W_1 W_2$ 绕组，使 i_W 电流流入 $V_1 V_2$ 绕组，如图 2-16a 所示。按上述同样的方法进行分析，旋转磁场的转向则变为逆时针方向，如图 2-16b、c 所示。

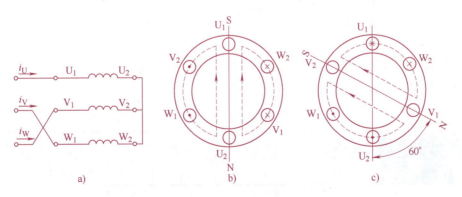

图 2-16 改变相序可改变旋转磁场的方向

因此只要将接入三相电源的定子三相绕组中的任意两相对调，就能改变旋转磁场的转向，从而改变电动机的旋转方向。

如果将三相异步电动机的每相定子绕组分成两部分，即 U_1U_2 绕组由 U_1U_2 和 $U_1'U_2'$ 串联组成，V_1V_2 绕组由 V_1V_2 和 $V_1'V_2'$ 串联组成，W_1W_2 绕组由 W_1W_2 和 $W_1'W_2'$ 组成，如图 2-17 所示。

同样的分析方法可以得出，所形成的合成磁场是四极旋转磁场，即两个 N 极、两个 S 极，如图 2-17b、c 所示，磁极对数 $p=2$。

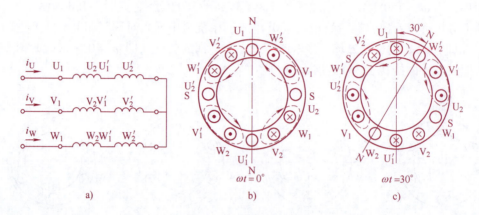

图 2-17 四极旋转磁场

这个四极旋转磁场在空间转过的角度是定子电流电角度的一半，即电流变化一周，旋转磁场在空间只转了半周。显然旋转磁场的速度与电动机中所形成的磁极对数有关，且与磁极对数成反比。

3. 旋转磁场的转速及转差率

综上分析，旋转磁场转速 n_0 的大小与电源频率 f_1 有关，且与 f_1 成正比；旋转磁场转速 n_0 又与磁极对数 p 有关，且与 p 成反比。三相电流产生的合成旋转磁场的转速为

$$n_0 = \frac{60f_1}{p} \qquad (2\text{-}16)$$

式中 n_0——旋转磁场转速（r/min）；
　　　f_1——电源频率（Hz）；
　　　p——磁极对数。

异步电动机的旋转磁场转速又称为同步转速。当交流电源的频率 $f_1=50\mathrm{Hz}$ 时，可得出对应于不同磁极对数 p 的旋转磁场转速 n_0，见表 2-1。

表 2-1 磁极对数 p 与旋转磁场转速 n_0 的关系

磁极对数 p	1	2	3	4	5
n_0/(r/mim)	3000	1500	1000	750	600

电动机铭牌上给出的转速是转子转速 n。在电动机工作时，转子转速比旋转磁场转速要低，为了表示 n_0 与 n 相差的程度，引入转差率 s，即

$$s = \frac{n_0 - n}{n_0} \tag{2-17}$$

转差率是异步电动机的一个重要物理量。转子的转速 n 在 $0 \sim n_0$ 之间，则对应的转差率 s 在 $1 \sim 0$ 之间。有如下情况需注意：

1）在电动机接通电源且转子尚未开始转动（启动瞬间）或用外力使转子不旋转（堵转）时，因 $n=0$，故 $s=1$，这时转差率最大。

2）若 $n=n_0$，则 $s=0$，这种情况为电动机的理想控制状态，即电动机不带任何负载，且空载损耗也为 0。实际上，这种情况是不存在的，只能说电动机在空载时，其转速接近同步转速。电动机在额定状态下，转差率的范围一般为 $0.01 \sim 0.09$，即电动机的转速比较接近同步转速。由转差率表示的转子转速为

$$n = (1-s)n_0 \tag{2-18}$$

转差率 s 与负载转矩的大小、电动机的结构和转子的类型有关。因为定子和转子磁场有相对运动，则在转子中产生的感应电压与这两个磁场的相对速度有关。转子磁场相对定子磁场的转速差为 sn_0，而转子的机械转速为 $(1-s)n_0$，因此转子磁场总的转速为

$$(1-s)n_0 + sn_0 = n_0 \tag{2-19}$$

即为同步转速。虽然转子并不按同步转速旋转，但转子磁场以同步转速旋转。这一点非常有意义。因为这表明转子磁场和定子磁场始终保持相对静止，因而有静电磁转矩产生。

学习任务 2　电磁感应

> 学习目标：了解电磁感应现象及其应用。
> 能力目标：培养学生归纳和学习相关资料的能力。
> 素质目标：培养学生的创新意识。

知识准备

长期以来，磁现象与电现象是被分别进行研究的，许多科学家都认为电与磁没有联系，连大科学家库仑也曾这样断言。

问题引导 1：什么是磁效应？

奥斯特实验的验证

1731 年，一名英国商人发现，雷电过后，他的一箱刀叉竟然有了磁性，1820 年 4 月，奥斯特用实验发现了通电导线周围存在磁场。在图 2-18 所示实验中，当开关合上时，小磁针发生了偏转。通电导体的周围存在磁场，这种现象称为电流的磁效应。

1. 安培定则

继奥斯特实验后的几个月里，法国科学家安培用大量的实验得出了通电导体周围磁场方向的判断方法，即安培定则，也称右手螺旋定则。

安培定则一（用于通电直导线）：用右手握住通电直导线，让大拇指指向电流方向，那么，四指的指向就是磁力线的环绕方向，如图 2-19 所示。可见，通电直导线的磁场是一系列同心圆。

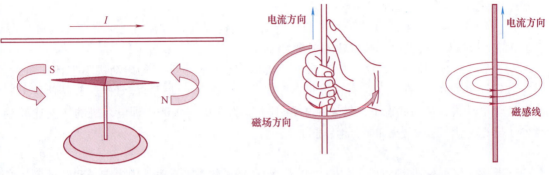

图 2-18　通电导体周围存在磁场　　　　　图 2-19　安培定则一

安培定则二（用于通电螺旋管）：用右手握住通电螺线管，使四指弯曲的方向与电流方向一致，那么大拇指所指的那一端就是通电螺线管的 N 极，如图 2-20 所示。可见通电螺线管的磁场与条形磁铁的磁场相似。

对于通电金属环，可以将它视作一匝的线圈，利用安培定则二来判断其磁场方向。

2. 磁场的强度

（1）通电长直导线周围的磁场强度　在载流长直导线产生的磁场中有一点 P，它与导线的距离为 r，如图 2-21 所示。理论和实验证明该点磁场强度的大小与导线中的电流成正比，与 r 成反比，即

$$H = \frac{I}{2\pi r} \tag{2-20}$$

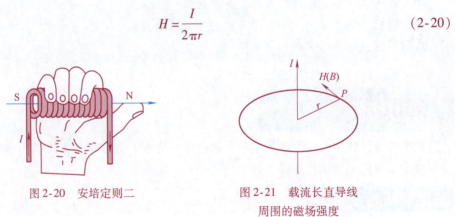

图 2-20　安培定则二　　　　图 2-21　载流长直导线周围的磁场强度

通电长直导线产生的磁场方向，用右手螺旋定则来判断。

（2）通电螺线管内部的磁场强度　如果 N 匝螺线管的长度为 L，通电电流为 I，如图 2-22 所示，理论和实验证明其内部的磁场强度为

$$H = \frac{NI}{L} \tag{2-21}$$

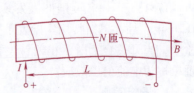

图 2-22　载流螺线管内部的磁场强度

通电螺线管磁场强度方向，用右手螺旋定则来判断。

问题引导2：什么是电磁感应现象？

闭合电路的一部分导体在磁场中做切割磁力线的运动时，导体中就会产生电流，这种现象叫电磁感应现象。其本质是由闭合电路中磁通量的变化产生电流。闭合电路中由电磁感应现象产生的电流叫作感应电流。

图2-23a所示的获得感应电流的方法称为切割磁力线法，图2-23b所示的获得感应电流的方法称为增减磁通量法。

1. 产生感应电流的条件

从上述分析不难看出，用切割磁力线法产生感应电流的条件是闭合电路的部分导体做切割磁力线的运动；用增减磁通量法产生感应电流的条件是闭合电路的磁通量发生变化。那么它们之间是否存在着某种联系呢？

如果把图2-23中的直导体看成闭合电路的一部分（整个回路相当于单匝线圈），当直导体向左切割磁力线时，闭合电路所包围的磁通量增加，显然，导体切割磁场的运动实质上也是闭合电路磁通量的变化，从而产生了电流。

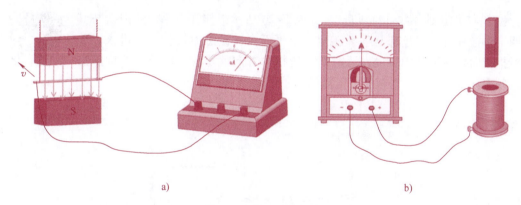

图2-23 电磁感应现象

可见，闭合电路部分导体切割磁力线和闭合电路磁通量的增减是同一种变化的两种说法，在实际分析中采用哪一种说法，应按需选择。

因此，产生感应电流的条件是：只要穿过闭合电路的磁通量发生变化，闭合电路中就会产生感应电流。即产生感应电流的条件：一是电路是闭合且通的；二是穿过闭合电路的磁通量发生变化。

感应电流的产生

2. 感应电流的方向

在图2-24所示实验中，直导体向左或向右切割磁力线时，从电流表上看到感应电流的方向是不同的。同样，在图2-23b和图2-25所示的实验中，磁铁或小线圈B接近或远离线圈A时，感应电流的方向也是不同的。其实，图2-25所示正是人们获得感应电流的第三种途径，它用

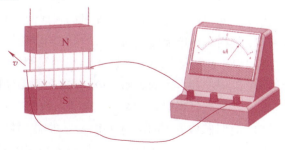

图2-24 切割磁力线产生电流

通电线圈 B 代替了图 2-23b 中的条形磁铁。实践证明：感应电流的方向与导体的运动方向、磁场方向，与磁通量的增减及线圈的绕向有关。为了方便判断感应电流的方向，人们总结出了一条比较直观的定则——右手定则，并抽象出一条普遍适用的规律——楞次定律。

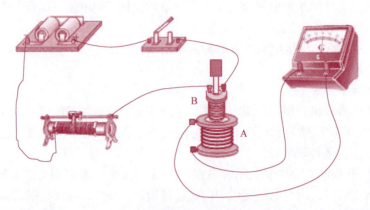

图 2-25　获得感应电流的第三种途径

（1）右手定则（方向的判断）　如图 2-26 所示，伸开右手，使拇指与其余四个手指垂直，并且都与手掌在同一个平面内；让磁力线从掌心进入，并使拇指指向导线运动的方向，这时四指所指的方向就是感应电流的方向。这就是判定导线切割磁力线时感应电流的右手定则。

感应电流的方向

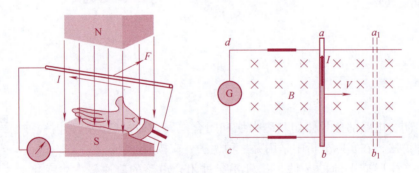

图 2-26　判定导线切割磁力线时感应电流

（2）楞次定律　通过图 2-27 所示说明。

图 2-27a 中：当把条形磁铁 N 极插入线圈中时，穿过线圈的磁通量（$\varPhi_{原}$）增加，由实验可知，这时感应电流的磁场（$\varPhi_{感}$）方向跟磁铁的磁场（$\varPhi_{原}$）方向相反。

图 2-27b 中：当把条形磁铁 N 极拔出线圈中时，穿过线圈的磁通量（$\varPhi_{原}$）减少，由实验可知，这时感应电流的磁场（$\varPhi_{感}$）方向跟磁铁的磁场（$\varPhi_{原}$）方向相同。

图 2-27c 中：当把条形磁铁 S 极插入线圈中时，穿过线圈的磁通量（$\varPhi_{原}$）增加，由实验可知，这时感应电流的磁场（$\varPhi_{感}$）方向跟磁铁的磁场（$\varPhi_{原}$）方向相反。

图 2-27d 中：当把条形磁铁 S 极拔出线圈中时，穿过线圈的磁通量（$\varPhi_{原}$）减少，由实验可知，这时感应电流的磁场（$\varPhi_{感}$）方向跟磁铁的磁场（$\varPhi_{原}$）方向相同。

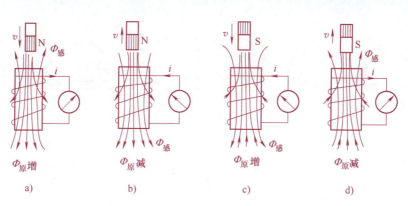

图 2-27 感应电流方向

由此可见：凡是由磁通量的增加引起的感应电流，它所激发的磁场一定阻碍原来磁通量的增加，凡是由磁通量的减少引起的感应电流，它所激发的磁场一定阻碍原来磁通量的减少。

楞次在 1834 年根据大量的实验结果，概括出了一条意义重大的结论，称为楞次定律。它的内容是：感应电流的磁场总是阻碍引起感应电流的磁通量变化。

应用楞次定律判断感应电流方向的具体方法：首先根据楞次定律判断出感应电流磁场方向，然后根据安培定则（右手螺旋定则）即可判断出线圈中的感应电流方向，如图 2-28 所示。

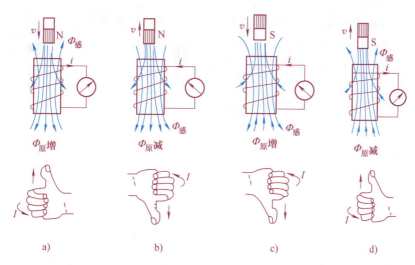

图 2-28 感应电流方向判断

右手定则和楞次定律可用来判断感应电流的方向，两种方法的本质是相同的，所得的结果也是一致的。右手定则适用于判断导体切割磁力线的情况，而楞次定律是判断感应电流方向的普遍规律。

（3）方向的影响因素 闭合回路中的导体切割磁力线运动产生感应电流的方向与导体运动的方向、磁场的方向有关，如图 2-29 所示。

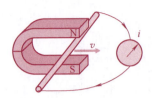
导体切割磁力线运动产生感应电流

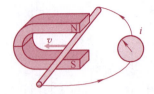
改变导体运动的方向，产生的感应电流方向也发生了改变

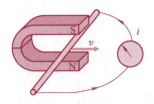
改变磁场方向，产生的感应电流方向也发生了改变

图 2-29　方向的影响因素

问题引导 3：什么是磁场自感？什么是磁场互感？

1. 自感

在图 2-30a 所示的实验中，当开关 S 闭合的瞬间，EL_2 灯正常发光，而 EL_1 灯逐渐变亮。这是因为开关 S 闭合的瞬间，通过线圈 L 的电流突然增大，穿过线圈 L 的磁通也随着增大。根据电磁感应定律，线圈 L 中必然产生一个较大的感应电动势来阻碍线圈 L 中的电流增加，即 EL_1 中的电流是逐渐增加的，要比 EL_2 亮得迟缓一些。

在图 2-30b 所示的实验中，当开关 S 合上时，EL 灯正常发光，如果接着将开关 S 断开，在断开的瞬间，EL 灯会发出更强的光，然后再慢慢熄灭。这是因为开关 S 闭合待电路稳定后又突然断开的瞬间，线圈 L 中的电流突然减小，按电磁感应定律，线圈 L 中也必然产生一个较大的感应电动势来阻碍线圈 L 中的电流减小，使 EL 灯发出短暂的强光，然后再熄灭。

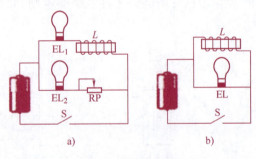

图 2-30　自感实验
a) 实验一　b) 实验二

从以上实验和分析可以看出，当通过线圈的电流发生变化时，它所产生的磁场也要发生变化，通过线圈本身的磁通也在变化，线圈本身产生感应电动势，此电动势总是阻碍线圈中原来电流的变化。这种由于线圈本身电流的变化而在线圈自身引起电磁感应的现象称为自感现象，简称自感。在自感现象中产生的感应电动势，称为自感电动势。自感是一种特殊的电磁感应现象，由法拉第电磁感应定律就能推导出自感电动势 e_L 大小的计算公式，即

$$e_L = -N\frac{\Delta \Phi}{\Delta t} = -\frac{\Delta \Psi}{\Delta t} = -L\frac{\Delta i}{\Delta t} \tag{2-22}$$

式中　Δi——线圈中的电流变化量（A）；

　　　Δt——线圈中电流变化了 Δi 所用的时间（s）；

　　　L——线圈的自感系数，简称电感（H）；

　　　e_L——自感电动势（V）；

　　　N——线圈匝数；

$\Delta\Phi$——单匝线圈磁通量变化量（Wb）；

$\Delta\Psi$——多匝线圈磁通量变化量（Wb）。

其中，$\dfrac{\Delta i}{\Delta t}$ 称为电流变化率，自感电动势的大小与电流变化率成正比。公式中的负号表示自感电动势总是企图阻碍电流的变化。

自感现象广泛存在于生活和实际生产中，凡是有导线、线圈的设备中，只要有电流变化就有自感现象存在，有时自感会对设备造成很大的危害，有时自感又是设备的工作原理，因此要充分考虑自感和利用自感。

由于自感现象，在电路断开的瞬间，线圈中会产生很大的自感电动势，可能击穿线圈绝缘层或使刀开关等周围的空气电离，造成危险。在绕线电阻中常常采用导线对折再双线并绕的方法来消除自感，如图2-31所示。因为双线并绕时，两组线圈的绕向相同，但是电流方向相反，所以同一时间两个线圈所产生的感应磁场总是大小相等而方向相反，即相互抵消，因而没有电感。此时，绕线电阻在电路中只起一个电阻的作用，这样的绕线电阻也称为无感电阻。

利用自感现象，可以依据线圈具有阻碍电流变化的特点，来稳定电路中的电流。另外，像常见的荧光灯电路中的电感镇流器，就是利用线圈的自感在荧光灯管的两端产生高压而点亮荧光灯的，如图2-32所示。

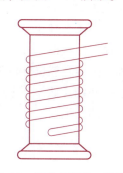

图2-31 绕线电阻的双线并绕

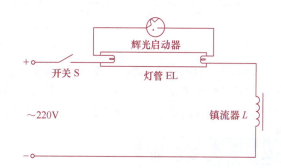

图2-32 荧光灯电路图

2. 互感

由图2-33中的互感实验一观察到，当开关合上或断开时，电流计指针偏转。分析如下：当开关合上或断开时，线圈A中的电流发生了变化，电流产生的磁场也要发生变化，那么通过线圈A的磁通也要随之变化，其中必然要有一部分磁通通过线圈B，这部分磁通称为互感磁通。互感磁通同样随着线圈A中电流的变化而变化，线圈B中就要产生感应电动势，所以在实验中看到了电流计指针的偏转。反之，如果线圈B中的电流发生变化，也会使线圈A中产生感应电动势。这种电磁感应现象，称为互感现象，简称互感。产生的感应电动势称为互感电动势，用 e_M 表示。

大量实验表明，线圈B中的互感电动势的大小，不仅与线圈A中的电流变化率有关，而且还与两个线圈的结构以及它们之间的相对位置、磁介质的磁导率有关。理论和实践证明，线圈B的互感电动势为

$$e_M = -M\dfrac{\Delta i}{\Delta t} \tag{2-23}$$

式中　Δi——线圈 A 中的电流变化量（A）；
　　　Δt——线圈 A 中电流变化了 Δi 所用的时间（s）；
　　　M——线圈 A、B 之间的互感系数，简称互感（H）；
　　　e_M——互感电动势（V）。

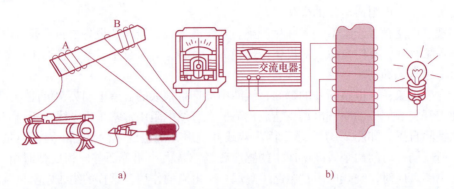

图 2-33　互感实验
a）互感实验一　b）互感实验二

互感系数由这两个线圈的几何形状、尺寸、匝数、它们之间的相对位置以及磁介质的磁导率决定，对线性电感来说，M 为常数，与线圈中的电流大小无关。

互感也是一种电磁感应现象，互感电动势的方向仍可用楞次定律来判断。

互感现象在电工和电子技术中的应用非常广泛，互感可以很方便地把信号从一个线圈传递到另一个线圈。利用互感原理，可以制成变压器、感应圈等。由于互感也会带来电路中线圈的互相干扰，影响正常工作，所以常常要考虑怎样消除互感的问题。如设计中尽量考虑两个线圈相距远一点或两线圈垂直放置，就能有效地防止互感现象的发生。

学习任务3　变压器

学习目标：了解变压器的基本原理及其应用。
能力目标：培养学生归纳和学习相关资料的能力。
素质目标：培养学生精益求精的职业素养。

知识准备

变压器是利用电磁感应原理制成的，它是传输电能或信号的静止电器，有变压、变流、阻抗变换及电隔离作用。

问题引导1：什么变压器？

变压器的种类很多，应用十分广泛。例如，在电力系统中把发电机发出的电压升高，以实现远途传输，到达目的地后再用变压器把电压降低供用户使用；在实验室里用自耦变压器（调压器）改变电源电压；在测量电路中，利用变压器原理制成各种电压互感器和电流互感器以扩大对交流电压和交流电流的测量范围；在功率放大器和负载之间用变压器连接，可以达到阻抗匹配，即负载上获得最大功率。变压器虽然用途及种类各异，但基本工作原理是相同的。

变压器的额定值：

（1）额定电压 U_{1N}、U_{2N}　一次额定电压 U_{1N} 是根据绕组的绝缘强度和允许发热所规定的应加在一次绕组上的正常工作电压的有效值，二次额定电压 U_{2N} 是指变压器一次侧施加额定电压时的二次侧空载的电压有效值。

（2）额定电流 I_{1N}、I_{2N}　一次、二次额定电流 I_{1N}、I_{2N} 是指变压器在连续运行时，一次、二次绕组允许通过的最大电流的有效值。

（3）额定容量 S_N　额定容量 S_N 是指变压器二次额定电压和额定电流的乘积，即二次侧的额定功率，$S_2 = U_{2N}I_{2N}$。额定容量反映了变压器所能传送电功率的能力，但不要把变压器的实际输出功率与额定容量相混淆。

（4）额定频率 λ_N　额定频率 λ_N 是指变压器应接入的电源频率。我国电力系统的标准频率为 50Hz。

问题引导2：变压器的结构是什么样子的？

1. 变压器的分类

为了适应不同的使用目的和工作条件，变压器有很多种类型，且各种类型变压器在结构和性能上差异也较大。几种常见变压器如图 2-34 所示。

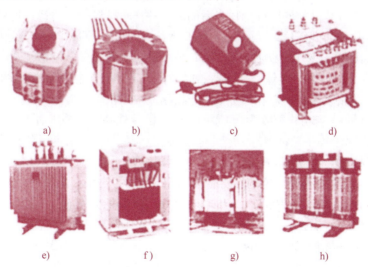

图 2-34　几种常见变压器

a) 自耦调压变压器　b) 环形变压器　c) 可调电子变压器　d) 壳式控制变压器
e) 油浸式电力变压器　f) 单相整流变压器
g) 多相变压器　h) 干式隔离变压器

一般来说，变压器可按照其用途、结构、相数、冷却方式和冷却介质来进行分类。

按用途分主要有电力变压器（Power Transformer）、调压器（Voltage Regulator）、仪用互感器（Instrument Transformer）、特种用途变压器等。

按相数分主要有单相变压器和三相变压器。

按绕组数目分主要有自耦变压器（Autotransformers）、双绕组变压器和三绕组变压器。

根据铁心结构不同，变压器可分为心式变压器和壳式变压器。

按冷却介质和冷却方式不同变压器可分为空气冷却的干式变压器、以油为冷却介质的油浸式变压器和以气体为冷却介质的气体变压器。

2. 变压器的结构

变压器的主要构成部分有：铁心、绕组及附件、绝缘套管。铁心和绕组是变压器的主要部件，称为器身；油箱作为变压器的外壳，起冷却、散热和保护作用；变压器油既起冷却的作用，也起绝缘介质的作用；绝缘套管主要起绝缘作用。下面对变压器各主要部件进行简要介绍。

（1）变压器的铁心

1）铁心材料。铁心是变压器中导磁的主磁路，也是套装绕组的机械骨架。铁心采用磁导率高、磁滞和涡流损耗小的软磁材料制成。变压器发展初期，采用普通铁片作为铁心材料，以后开发出热轧磁性钢片作为铁心材料。1934年高斯发明了冷轧晶粒取向硅钢片，逐渐取代了热轧硅钢片。1968年，日本新日铁公司首先开发出高导磁的硅钢片——Hi-B晶粒取向硅钢片，其单位损耗和励磁安匝数都较普通晶粒取向硅钢片小，因此被广泛采用。20世纪80年代，磁畴细化（通过激光照射或机械压痕方法）的更低损耗的硅钢片问世。硅钢片的最主要性能是单位质量的损耗和材料的磁导率。冷轧晶粒取向硅钢片的损耗比热轧硅钢片有很大的降低，所以目前电力变压器几乎全部采用冷轧晶粒取向硅钢片作为铁心材料。

非晶合金是继冷轧晶粒取向硅钢片之后的又一种铁心材料，它的特点是磁导率高，空载电流和空载损耗比取向硅钢片大大降低。在20世纪60年代中期，国外已经开始研究非晶材料，1974年开始应用于变压器铁心，美国GE公司最早用非晶合金制造了25kV·A变压器，现已有2500kV·A的非晶合金铁心变压器。但是，由于非晶合金饱和磁通密度低，厚度薄，加工困难，材料价格较高，所以在大容量变压器制造中还未大量使用。

目前变压器铁心大部分由厚度为0.15~0.35mm的冷轧硅钢片叠压而成，硅钢片中含硅量大约在4%。硅钢片表面一般都覆有一层具有较高电气绝缘性的绝缘膜，绝缘膜具有极高的绝缘电阻和良好的机械特性。据资料统计数据，发达国家变压器铁耗占总发电量的4%左右，所以降低变压器铁耗是提高电网效率的重要措施。降低铁耗主要通过增大硅钢片的含硅量和减小硅钢片的厚度实现，目前硅钢片的厚度从早期的0.35mm降低为目前的0.23mm、0.18mm。

2）铁心结构。铁心由铁心柱和铁轭两部分组成。其中，铁心被绕组遮盖住的部分称为铁心柱，连接铁心柱以构成闭合磁路的部分为磁轭或铁轭，如图2-35所示。现代变压器的铁心，其铁心柱和铁轭一般都在同一个平面内，即为平面式铁心。

按照铁心结构不同，变压器有心式变压器和壳式变压器之分。图2-35所示为心式结构变压器，其铁心柱被绕组所包围。单相和三相壳式变压器如图2-36所示，这种结构是铁心包围着绕组的顶面、底面和侧面。

心式变压器的优点是圆形线圈制造方便，硅钢片用量相对较少，绕组布置和绝缘较容易，因此电力变压器大多采用心式结构；缺点是铁心叠片的规格较多，铁心柱的绑扎和铁轭的夹紧要求较高。壳式变压器结构机械强度好，但是加工工艺特殊，绝缘结构复杂，可维修性较差，成本较高，一般用于特种变压器和小容量单相变压器。

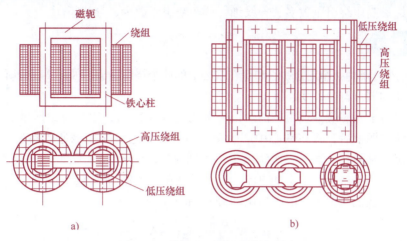

图 2-35　单相和三相心式变压器
a）单相心式变压器　b）三相心式变压器

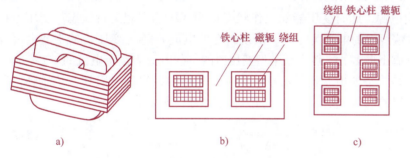

图 2-36　单相和三相壳式变压器
a）外形　b）单相壳式变压器　c）三相壳式变压器

交流变压电路

（2）变压器的绕组　在电气设备中具有规定功能的一组线匝或线圈称为绕组，对于变压器类产品，通常将按规定连接起来、能够改变电压和电流的单个或几个线圈的组合称为绕组，如一次绕组、二次绕组。

绕组是变压器的电路部分，是变压器的重要组成部分。变压器运行过程中，绕组中有电流通过，会产生电阻损耗，从而引起发热和降低变压器效率，还可能会遇到过电压、高温、过电流等恶劣情况。为了使变压器能够长期安全可靠地运行，变压器绕组必须满足电、力和热等基本要求。变压器绕组的导体材料一般为高电导率的铜和铝，导体形状有圆线、扁线和箔板。电力变压器一般采用扁铜导线，圆铜导线主要用在小型变压器及互感器上，箔板主要用于容量小于 2000kV·A 的中小型变压器。根据采用绝缘材料的不同，可将导线分为纸包绕组线（简称纸包线）、漆包绕组线（简称漆包线）、丝包绕组线（简称丝包线）和玻璃丝包绕组线（简称玻璃丝包线）。

绕组的结构与绕组的容量有关，还需同时考虑加工制造的难易程度。电力变压器中常用的绕组结构有双层圆筒式、多层圆筒式、连续式、纠结式、插入电容内屏蔽式、螺旋、箔式、交错饼式。心式变压器一般采用同心式结构，将高、低压绕组同心地套装在铁心柱上，低压绕组靠近铁心柱，高压绕组套装在低压绕组外面，高、低压绕组之间以及绕组与铁心之间要可靠绝缘。高压绕组匝数多、导线细，低压绕组匝数少、导线粗。

问题引导3： 变压器的工作原理是怎样的？

最简单的变压器由一个闭合铁心和套在铁心上的两个绕组组成，如图2-37a所示。图2-37b所示为变压器的图形符号，变压器的字母代号为T。

变压器是按电磁感应原理工作的。设一次绕组匝数为N_1，二次绕组匝数为N_2。当一次绕组接在交流电源上后，将在铁心中产生交变磁通Φ，这个交变磁通既穿过一次绕组，又穿过二次绕组，从而在一次、二次绕组中产生感应电动势e_1和e_2。如果二次绕组电路是闭合的，在二次绕组中就会产生交变电流，这就是变压器工作的基本原理。

在一次、二次绕组中产生的感应电动势e_1和e_2的大小为

$$e_1 = -N_1 \frac{\Delta \Phi}{\Delta t} \quad e_2 = -N_2 \frac{\Delta \Phi}{\Delta t} \tag{2-24}$$

1. 变压器的空载运行和电压比

在图2-38所示的变压器电压比实验电路中，断开开关S_2，使二次绕组开路，同时闭合开关S_1，一次绕组接通电源，此时变压器的工作状态称为变压器空载运行状态。变压器在空载运行状态下，二次绕组中的电流为零，一次绕组上的电流i_0称为变压器的空载电流或励磁电流，它比额定电流小得多。一般大、中型变压器的空载电流为额定电流的3%~8%。此时，变压器实际上就是一个通电交流铁心线圈，可以忽略两绕组的电阻和漏抗压降，那么，一次绕组和二次绕组的电压分别等于它们的感应电动势，即可得

$$\frac{U_1}{U_2} = \frac{N_1}{N_2} = n \tag{2-25}$$

式（2-25）说明，在忽略了空载电流的情况下，一次绕组与二次绕组的端电压之比等于它们的匝数比，这个比值n称为变压器的电压比。

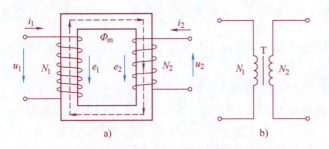

图2-37 变压器的工作原理
a）原理图 b）图形符号

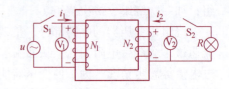

图2-38 变压器的电压比

$n > 1$，则$N_1 > N_2$，$U_1 > U_2$，此类变压器为降压变压器；$n < 1$，则$N_1 < N_2$，$U_1 < U_2$，此类变压器为升压变压器。

在实际应用时，变压器二次绕组的输出电压可在小范围内调节，二次绕组留有抽头，换接不同抽头，可获得不同数值的输出电压。

2. 变压器的负载运行和电流比

在图2-39所示的变压器电流比实验电路中，闭合开关S_1，同时闭合开关S_2，使变压器

处于带上负载的工作状态，称为变压器负载运行状态。变压器在负载（满载）运行状态下，绕组电阻、铁心的磁滞及涡流总会产生一定的能量损耗，但比负载上消耗的功率要小得多，一般情况下可以忽略不计，仍可以将变压器视为理想变压器，其内部不消耗功率，输入变压器的功率全部消耗在负载上，则可以得出

图 2-39 变压器的电流比

$$\frac{I_1}{I_2} = \frac{U_2}{U_1} = \frac{N_2}{N_1} = \frac{1}{n} \tag{2-26}$$

式（2-26）表明，变压器带负载运行时，一次绕组、二次绕组的电流与它们的电压或匝数成反比。变压器具有变换电流的作用，它在变换电压的同时也变换了电流。

必须注意，变压器在空载、轻载下运行时，式（2-26）的关系式是不成立的。而电压比 $U_1/U_2 = n$ 仍然成立。因此，变压器输入的视在功率 $S_1 = U_1 I_1$ 和输出的视在功率 $S_2 = U_2 I_2$ 基本近似相等，符合功率守恒原则。当然，也可以理解为，在二次绕组电流 I_2 增大时，一次绕组的输入电流 I_1 也随之增大，即 I_1 取决于 I_2。变压器负载运行时，电流 I_1 随 I_2 的增大而增大，电压 U_2 则随 I_2 的增大而下降。

3. 变压器的阻抗变换作用

由于变压器的损耗和漏磁通都很小，其输入功率近似等于输出功率，即 $U_1 I_1 = U_2 I_2$，由 $I = U/Z$ 可知，变压器一次绕组与二次绕组之间有 $U_1^2/Z_1 = U_2^2/Z_2$ 的关系，故

$$\frac{Z_1}{Z_2} = \left(\frac{U_1}{U_2}\right)^2 = \left(\frac{N_1}{N_2}\right)^2 = n^2 \text{ 或 } Z_1 = n^2 Z_2 \tag{2-27}$$

式（2-27）说明，变压器二次侧负载阻抗 Z_2 反映到一次侧的等效阻抗值 Z_1 应为 Z_2 的 n^2 倍。或者说，变压器的二次绕组接上负载 Z_2 后，对电源而言，相当于接上阻抗为 $n^2 Z_2$ 的负载。如图 2-40a 所示，方框部分为 Z_2 折合到一次绕组的等效阻抗 Z_1。

当变压器负载 Z_2 一定时，改变变压器一次绕组、二次绕组的匝数，可获得所需要的阻抗。变压器的这种阻抗变换特性，在电子

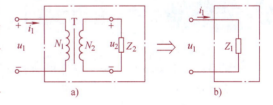

图 2-40 变压器的阻抗变换

电路中常用来实现阻抗匹配，即负载电阻和信号源内阻相等，在负载上获得最大功率。

4. 变压器的功率和效率

（1）变压器的功率　应用已学的知识，可得变压器一次绕组的输入功率为

$$P_1 = U_1 I_1 \cos\varphi_1 \tag{2-28}$$

旋转变压器工作原理及波形

式中　U_1——一次电压（V）；

I_1——一次电流（A）；

φ_1——一次电压与一次电流的相位差（rad）；

P_1——电源输入变压器一次绕组的功率（W）。

变压器二次绕组的输出功率（负载获得的功率）为

$$P_2 = U_2 I_2 \cos\varphi_2 \tag{2-29}$$

式中　U_2——二次电压（V）；

　　　I_2——二次电流（A）；

　　　φ_2——二次电压与二次电流的相位差（rad）；

　　　P_2——变压器二次绕组的输出功率，即负载获得的功率（W）。

变压器工作时，必然有功率损失。功率损失有铜损和铁损两部分。铜损是电流在一次绕组、二次绕组电阻上损耗的功率。负载变化时，一次电流、二次电流要相应地变化，铜损也随之变化。铁损是交变的主磁通在铁心中产生磁滞损耗和涡流损耗。变压器工作时，主磁通基本不变，因此铁损基本是不变的。铁损决定于变压器的额定电压，并与频率有关。铜损和铁损可以通过计算求出或用实验方法测量。

可见，输入功率与输出功率之差就是变压器所损耗的功率。变压器损耗的功率包括铜损和铁损两部分，即

$$\Delta P = P_{Cu} + P_{Fe} = P_1 - P_2 \tag{2-30}$$

（2）变压器的效率　与机械效率的意义相同，变压器的效率是其输出功率 P_2 与输入功率的比值，一般记作百分数，用字母 η 表示为

$$\eta = \frac{P_2}{P_1} \times 100\% \tag{2-31}$$

由于变压器的铜损和铁损都很小，所以它的效率很高，大容量变压器的效率可达98%～99%，小容量变压器的效率为70%～80%。

学习任务4　转子位置传感器

学习目标：了解不同的转子位置传感器及其应用。

能力目标：培养学生归纳和学习相关资料的能力；掌握1+X技能标准中"2-1 新能源汽车动力　驱动电机、蓄电池技术模块"。

素质目标：培养学生的工匠精神。

知识准备

转子位置传感器是确定电动机旋转位置的重要传感器。

问题引导1： 什么是霍尔传感器？

霍尔传感器是根据霍尔效应制作的一种磁场传感器。霍尔效应是磁电效应的一种，这一现象是霍尔于1879年在研究金属的导电机构时发现的。后来发现半导体、导电流体等也有

这种效应，而半导体的霍尔效应比金属强得多，利用这现象制成的各种霍尔元件，广泛地应用于工业自动化技术、检测技术及信息处理等方面。霍尔效应是研究半导体材料性能的基本方法。通过霍尔效应实验测定的霍尔系数，能够判断半导体材料的导电类型、载流子浓度及载流子迁移率等重要参数。

1. 霍尔效应

当放在磁场中的半导体基片中通过与磁场垂直的电流时，由于半导体基片中的电子将受到电磁力的作用，电子聚集于半导体基片的一侧成为负极，而半导体基片的另一侧因为失去电子成为正极。即当在半导体基片两端通以控制电流 I，并在基片的垂直方向施加强度为 B 的磁场时，在垂直于电流和磁场的方向上将产生电动势 U_H（称为霍尔电动势或霍尔电压），这种现象称为霍尔效应。

2. 霍尔电压

霍尔电压可用下式表达：

$$U_H = R_H \frac{IB}{d} \quad (2\text{-}32)$$

式中　R_H——霍尔常数；
　　　I——控制电流；
　　　B——磁感应强度；
　　　d——霍尔元件的厚度。

霍尔传感器在交流永磁电动机上的应用如图 2-41 所示。

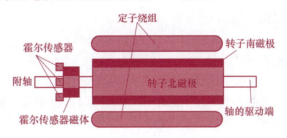

图 2-41　霍尔传感器在交流永磁电动机上的应用

霍尔传感器输出波形为矩形脉冲，是一种数字信号，表现为具有开关特性的磁开关。霍尔传感器的组成及输出波形如图 2-42 所示。

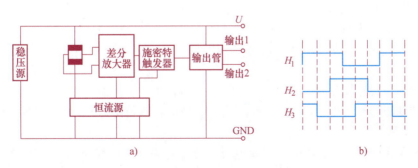

图 2-42　霍尔传感器的组成及输出波形
a）霍尔传感器的组成　b）霍尔传感器的输出波形

问题引导2： 什么是光电编码器？

光电编码器是一种通过光电转换将输出轴机械几何位移量转换成脉冲或数字量的传感器。这是目前应用最多的编码器。光电编码器由光栅盘和光电检测转子组成。

根据检测原理，编码器可以分为光电式、磁式、感应式和电容式。根据其刻度方法及信号输出形式，可以分为增量式、绝对式以及混合式三种。

光电编码器的结构组成及输入、输出波形如图2-43所示。

图2-43 光电编码器的结构组成及输入、输出波形
a) 光电编码器的结构组成 b) 光电编码器的输入、输出波形

练习题

一、选择题

1. 磁体上磁性最强的两端称为（　　）。
   A. 磁极　　　　B. 磁通　　　　C. 磁路　　　　D. 磁阻
2. 磁极之间的相互作用力是通过磁极周围的（　　）传递的。
   A. 磁路　　　　B. 磁场　　　　C. 磁通　　　　D. 磁极
3. 人们通过铁屑在磁场的作用下形成的图案，即用一组闭合的曲线来描述磁场。这种能形象地描绘磁场的曲线，称为（　　）。
   A. 磁导率　　　B. 磁阻　　　　C. 磁感线　　　D. 磁通
4. 磁通所通过的路径称为（　　）。
   A. 磁路　　　　B. 磁通　　　　C. 磁场　　　　D. 磁感
5. （　　）以霍尔效应为工作基础，一般是由霍尔元件和其附属电路组成的集成传感器，用它可以检测磁场变化。
   A. 空气流量传感器　　B. 光电编码器　　C. 旋转变压器　　D. 霍尔传感器
6. （　　）是一种通过光电转换将输出轴机械几何位移量转换成脉冲或数字量的传感器。
   A. 空气流量传感器　　　　　　　　B. 光电编码器
   C. 旋转变压器　　　　　　　　　　D. 霍尔传感器

二、判断题

1. 磁场强度只与产生磁场的电流及电流的分布有关，与磁介质的磁导率无关，单位为安每米（A/m）。（　　）
2. 电机和变压器铁心都采用磁导率较高的铁磁材料制成。（　　）

3. 硬磁材料用于制造电机、变压器和继电器的铁心等。（ ）
4. 软磁材料用于制造计算机中磁存储元件的磁心、磁棒和磁膜等。（ ）
5. 矩磁材料用于制造永久铁磁和扬声器的磁钢等。（ ）
6. 永磁同步电动机的转子为永磁体。通过霍尔传感器可以检测转子磁场强度，确定转子位置。（ ）
7. 旋转变压器简称旋变，是一种输出电压随转子转角变化的器件。（ ）
8. 旋转变压器主要用以检测电机转子位置，控制器编码后可以获知电机转速。（ ）
9. 永磁交流电动机的位置传感器，原来是以光学编码器居多，这些年来迅速地被旋转变压器代替。（ ）

学习情境三

功率变换电路

```
                    功率变换
                      电路
    ┌──────────┬──────────┼──────────┬──────────┐
  电力电子    AC/AC      AC/DC      DC/DC      DC/AC
   器件      变换电路    变换电路    变换电路    变换电路
```

功率变换技术是新能源汽车的调速和转向等动力控制系统的关键技术，其基本作用就是通过合理、有效地控制电源系统电压、电流的输出和驱动电机电压、电流的输入，完成对驱动电机的转矩、转速和旋转方向的控制。此外，新能源汽车的充电及低压设备的供电也是通过相应的功率变换技术完成的。

学习任务1　电力电子器件

学习目标：了解功率变换电路中常用的电力电子器件的原理与应用。
能力目标：培养学生归纳和学习相关资料的能力。
素质目标：培养学生的创新意识。

知识准备

电力电子器件是电力电子变换技术的物质基础。电力电子器件的发展水平直接决定着电力电子装置的水平，电力电子器件在电力电子变换技术中具有十分重要的地位和作用。因此，掌握各种常用电力电子器件的工作原理、基本特性、主要技术参数和正确使用方法是学好电力电子变换技术的基础。

电力电子器件正向着大容量、高可靠性、装置体积小、节约电能和智能化方向发展。除了早期使用的功率二极管、晶闸管外，目前常用的器件主要有门极关断（GTO）晶闸管、大功率晶体管（GTR）、功率场效应晶体管（功率MOSFET）、绝缘栅双极型晶体管（IGBT）、MOS控制晶闸管（MCT）等。从新能源汽车的应用上看，MOSFET、IGBT具有较好的应用前景。

问题引导1： 什么是功率二极管？

功率二极管属于不可控电力电子器件，是20世纪最早获得应用的电力电子器件，它在整流逆变等领域都发挥了重要作用。由于导电机理和结构不同，功率二极管可分为结型二极管和肖特基势垒二极管。

1. 功率二极管的主要类型

功率二极管的类型主要有三种：

（1）普通二极管（图3-1）　普通二极管又称为整流二极管，多用于开关频率不高（1kHz以下）的整流电路。其反向恢复时间较长，一般在5μs以上，但在开关频率不高时影响不大；正向电流定额和反向电压定额可以达到很高，分别可达数千安和数千伏以上；

（2）快速恢复二极管（图3-2）　快速恢复二极管可分为快速恢复和超快速恢复两个等级。其中前者反向恢复时间为数百纳秒或更

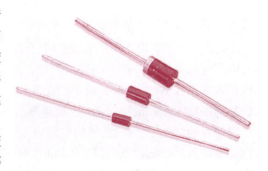

图3-1　普通二极管

长；后者则在100ns以下，甚至达到20~30ns。工艺上通常分为PN结构和PIN结构；采用外延型PN结构的快速恢复外延二极管（FRED），其反向恢复时间比较短（可低于50ns），正向压降也很低（0.9V左右），但其反向耐压多在1200V以下。

（3）肖特基势垒二极管（图3-3） 以金属和半导体接触形成的，以势垒为基础的二极管称为肖特基势垒二极管（SBD），简称为肖特基二极管。自20世纪80年代以来，由于工艺的发展，肖特基二极管在电力电子电路中广泛应用。肖特基二极管的优点是：反向恢复时间很短（10~40ns），正向恢复过程中也不会有明显的电压过冲；在反向耐压较低的情况下，其正向压降也很小（通常在0.5V左右），明显低于快速恢复二极管（通常在1V左右或更大），其开关损耗和正向导通损耗都比快速恢复二极管要小。肖特基二极管的弱点是：当反向耐压提高时其正向压降也会提高，通常不能满足要求，因此多用于200V以下的低压场合；同时，由于其反向漏电流较大且对温度敏感，因此反向稳态损耗不可忽略，而且必须严格限制其工作温度。

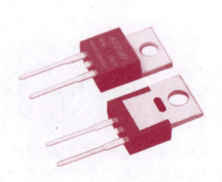

图3-2 快速恢复二极管

图3-3 肖特基势垒二极管

2. PN结型功率二极管基本结构、工作原理和基本特性

（1）PN结型功率二极管基本结构和工作原理 PN结型功率二极管的基本结构是半导体PN结，具有单向导电性，正向偏置时表现为低阻态，形成正向电流，称为正向导通；而反向偏置时表现为高阻态，几乎没有电流流过，称为反向截止。

为了提高PN结二极管承受反向电压的阻断能力，需要增加硅片的厚度来提高耐压，但厚度的增加会使二极管导通压降增加。由于PIN结构可以用很薄的硅片厚度得到PN结构在硅片很厚时才能获得的高耐压阻断能力，故结型功率二极管多采用PIN结构。PIN功率二极管在P型半导体和N型半导体之间夹有一层掺有轻微杂质的高阻抗N^-区域，该区域由于掺杂浓度低而接近于纯半导体（本征半导体）。在NN^-界面附近，尽管因掺杂浓度的不同也会引起载流子的扩散，但由于其扩散作用产生的空间电荷区远没有PN^-界面附近的空间电荷区宽，故可以忽略，内部电场主要集中在PN^-界面附近，由于N^-区域比P区域的掺杂浓度低很多，PN^-空间电荷区主要在N^-侧展开，故PN结的内电场基本集中在N^-区域中，N^-区域可以承受很高的外向击穿电压，低掺杂N^-区域越厚，功率二极管能够承受的反向电压就越高。在PN结反向偏置的状态下，N^-区域的空间电荷区宽度增加，其阻抗增大，足够高的反向电压还可以使整个N^-区域耗尽，甚至将空间电荷区扩展到N区域。如果P区域和N区域的掺杂浓度足够高，则空间电荷区将被局限在N^-区域，从而避免电极的穿通（失去正向阻断能力）。

根据容量和型号，功率二极管有各种不同的封装。其结构和电器符号如图3-4所示。功率二极管有两个电极，分别是阳极 A 和阴极 K。

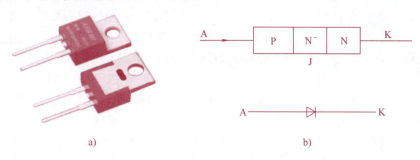

图 3-4 功率二极管不同的封装及电器符号
a) 不同封装　b) 电器符号

当功率二极管外加一定的正向电压时，有正向电流流过，功率二极管电压降很小，处于正向导通状态；当它的反向电压在允许范围之内时，只有很小的反向漏电流流过，表面为高电阻，处于反向截止状态；若反向电压超过允许范围，则可能造成反向击穿，损坏二极管。

(2) PN 结型功率二极管的基本特性　PN 结型功率二极管的基本特性有稳态特性和动态特性。

1) 稳态特性。图 3-5 所示为 PN 结型功率二极管的伏安特性曲线。当外加正向电压大于门槛电压 U_{TO} 时，电流开始迅速增加，二极管开始导通。若流过二极管的电流较小，二极管的电阻主要是低掺杂 N^- 区的欧姆电阻，阻值较高且为常数，因而其管压降随正向电流的上升而增加。当流过二极管的电流较大时，注入并积累在低掺杂 N^- 区的少子空穴浓度将增大，为了维持半导体电中性条件，其多子浓度也相应大幅度增加，导致其电阻率明显下降，即电导率大幅增加，该现象称为电导调制效应。电导调制效应使得功率二极管在正向电流较大时导通压降仍然很低，且不随电流的大小而变化。

2) 动态特性。PN 结型功率二极管属于双极型器件，具有载流子存储效应和电导调制效应，这些特性对其开关过程会产生重要的影响。结型功率二极管开通和关断的动态过程如图 3-6 所示。

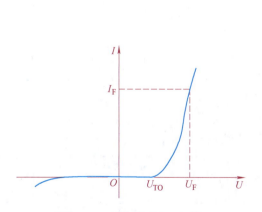

图 3-5 PN 结型功率二极管的伏安特性曲线

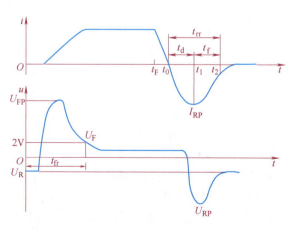

图 3-6 PN 结型功率二极管开通和关断的动态过程

PN 结型功率二极管由关断到稳定开通的过渡过程中，正向电压会随着电流的上升出现一个过冲，然后逐渐趋于稳定。导致电压过冲的原因有两个：阻性机制和感性机制。阻性机制是指少数载流子注入的电导调制作用。电导调制使得有效电阻随正向电流的上升而下降，管压降随之降低，因此正向电压在到达峰值电压 U_{FP} 后转为下降，最后稳定在 U_F。感性机制是指电流随时间上升，在器件内部电感上产生压降，di/dt 越大，峰值电压 U_{FP} 越高。正向电压从零开始经峰值电压 U_{FP}，再降至稳态电压 U_F 所需要的时间被称为正向恢复时间 t_{fr}。

当加在 PN 结型功率二极管上的偏置电压的极性由正向变成反向时，二极管不能立即关断，而需经过一个短暂的时间才能重新恢复反向阻断能力而进入关断状态。如图 3-6 所示，当原来处于正向导通的二极管外加电压在 t_F 时刻从正向变为反向时，正向电流开始下降，到 t_0 时刻二极管电流降为零，由于 PN 结两侧存有大量的少子，它们在反压的作用下被抽出器件形成反向电流，直到 t_1 时刻 PN 结内储存的少子被抽尽时，反向电流达到最大值 I_{RP}，之后虽然抽流过程还在继续，但此时被抽出的是离空间电荷区较远的少子，二极管开始恢复反向阻断能力，反向电流迅速减小。由于 t_1 时刻电流的变化方向改变，反向电流由增大变为减小，外电路中电感产生的感应电动势会产生很高的反向电压 U_{RP}。当电流降到基本为零的 t_2 时刻，二极管两端的反向电压才降到外加反压 U_R，功率二极管完全恢复反向阻断能力：其中 t_d（$t_d = t_1 - t_0$）称为延迟时间，t_f（$t_f = t_2 - t_1$）称为下降时间。t_{rr}（$t_{rr} = t_d + t_f$）称为功率二极管反向恢复时间。

在反向恢复期中，反向电流上升率越高，反向电压过冲 U_{RP} 越高，这不仅会增加器件电压耐压值，而且也相应增高其电压变化率。当结型二极管与可控器件并联时，过高的电压变化率会导致可控器件的误导通，比值 S（$S = t_f/t_d$）称为反向恢复系数，用来衡量反向恢复特性的硬度。S 值较小的器件反向电流衰减较快，具有硬恢复特性，反之具有软恢复特性。S 越小，反向电压过冲 U_{RP} 越大，高电压变化率引发的电磁干扰（EMI）强度越高，为避免结型二极管的关断过冲电压 U_{RP} 过高和降低 EMI 强度，在实际工作中应选用软恢复特性的结型二极管。

3. 肖特基二极管的结构及工作原理

肖特基二极管（Sehottky Barrier Diode，SBD）是利用金属与 N 型半导体表面接触形成势垒的非线性特性制成的二极管。由于 N 型半导体中存在着大量的电子，而金属中仅有极少量的自由电子，当金属与 N 型半导体接触后，电子便从浓度高的 N 型半导体中向浓度低的金属中扩散，随着电子不断从半导体扩散到金属，半导体表面电子浓度逐渐降低，表面电中性被破坏，于是就形成势垒，其电场方向为半导体到金属。在该电场作用之下，金属中的电子也会产生从金属到半导体的漂移运动，从而削弱了由于扩散运动而形成的电场。当建立起一定宽度的空间电荷区后，电场引起的电子漂移运动和浓度不同引起的电子扩散运动达到相对的平衡，便形成了肖特基势垒。

SBD 在结构原理上与内结二极管有很大区别，它的内部是由阳极金属（用铝等材料制成的阻挡层）、二氧化硅（SiO_2）电场消除材料、N⁻ 外延层（砷材料）、N 型硅基片、N⁺ 阴极层及阴极金属等构成，在 N 型基片和阳极金属之间形成肖特基势垒，如图 3-7 所

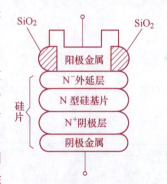

图 3-7 N 型基片和阳极金属之间的肖特基势垒

示。当 SBD 处于正向偏置时（即外加电压金属为正、半导体为负），合成势垒高度下降，将有利于硅中电子向金属转移，从而形成正向电流；相反，当 SBD 处于反向偏置时，合成势垒高度升高，硅中电子转移比零偏置（无外部电压）时更困难。这种单向导电特性与结型二极管十分相似。

尽管 SBD 具有和结型二极管相仿的单向导电性，但其内部物理过程却大不相同。由于金属中无空穴，因此不存在从金属流向半导体材料的空穴流，即 SBD 的正向电流仅由多子形成，从而没有结型二极管的少子存储现象，反向恢复时没有抽取反向恢复电荷的过程，因此反向恢复时间很短。

4. 功率二极管的主要参数

功率二极管电压、电流的额定值都比较高。当二极管外加反向电压且电压小于击穿电压 U_{RO} 时，反向电流即为反向饱和电流，其值很小，可以忽略不计。在导通状态时，流过额定电流 I_{FR} 时的正向电压降 U_{FR} 一般不超过 1~2V。尽管正向导通时压降很小，正向电流产生的功耗及其发热却不能忽略。

（1）额定电压 U_{RR}　反向不重复峰值电压 U_{RSM} 是指即将出现反向击穿的临界电压，反向不重复峰值电压 U_{RSM} 的 80% 称为反向重复峰值电压 U_{RRM}。U_{RRM} 也被定义为二极管的额定电压 U_{RR}。

（2）额定电流 I_{FR}　功率二极管的额定电流 I_{FR} 被定义为在环境温度 40℃ 和规定的散热条件下，其管芯 PN 结的温升不超过允许值时，所允许流过的正弦半波电流的平均值。

若正弦电流的最大值为 I_m，则正弦半波电流平均为

$$I_{FR} = \frac{1}{2\pi}\int_0^\pi I_m \sin(\omega t) \mathrm{d}(\omega t) = \frac{1}{\pi} I_m \qquad (3\text{-}1)$$

式中，ω 为正弦波角频率。

（3）最大允许的全周期均方根正向电流 I_{FRms}　二极管流过半波正弦电流的最大值为 I_m 时，其全周期均方根正向电流 I_{FRms} 为

$$I_{FRms} = \sqrt{\frac{1}{2\pi}\int_0^\pi (I_m \sin\omega t)^2 \mathrm{d}(\omega t)} = \frac{1}{2} I_m \qquad (3\text{-}2)$$

由式（3-1）和式（3-2）可得 I_{FRms} 与额定电流 I_{FR} 的关系为

$$I_{FRms} = \frac{\pi}{2} I_{FR} = 1.57 I_{FR} \qquad (3\text{-}3)$$

（4）最大允许非重复浪涌电流 I_{FSM}　I_{FSM} 是二极管所允许的半周期峰值浪涌电流，它体现了功率二极管抗短路冲击电流的能力，其值比额定电流要大得多。在大电流、低电压（200V 以下）的开关电路应用中，肖特基二极管是十分理想的开关器件。它不仅开关特性好，允许工作频率高，且正向压降相当小（小于 0.5V），在大电流、低电压的电力电子变换系统中应是首选器件。

功率二极管属于最大的电力电子器件，二极管的参数是正确选用二极管的依据，一般半导体器件手册中都给出不同型号二极管的各种参数，以便使用。

问题引导 2：什么是功率场效应晶体管？

功率场效应晶体管（功率 MOSFET）是一种单极型电压全控器件，具有输入阻抗高、工作速度快（开关频率可达 500kHz 以上）、驱动功率小、电路简单、热稳定性好、无二次击

穿问题、安全工作区宽等优点，在各类开关电路中应用极为广泛。

1. 结构与工作原理

功率 MOSFET 种类和结构繁多，按导电沟道分可分为 P 沟道和 N 沟道。当栅极电压为零时漏源极间存在导电沟道的称为耗尽型；对于 N（P）沟道器件，栅极电压大于（小于）零时才存在导电沟道的称为增强型。在功率 MOSFET 中，应用较多的是 N 沟道增强型。功率 MOSFET 导电机理与小功率 MOS 管相同，但在结构上有较多区别。小功率 MOS 管是一次扩散形成的器件，其导电沟道平行于芯片表面，是横向导电器件。而功率 MOSFET 大都采用垂直导电结构，这种结构能大大提高器件的耐压和通流能力。

图 3-8a 所示为常用的功率 MOSFET 的外形，如图 3-8b 所示给出了 N 沟道增强型功率 MOSFET 的结构，如图 3-8c 所示为功率 MOSFET 的电气图形符号，其引出的三个电极分别为栅极 G、漏极 D 和源极 S。当栅极、源极间电压为零，漏极、源极间加正电源，P 区与 N 区之间形成的 PN 结反偏时，漏极、源极之间无电流流过，如图 3-9a 所示。在栅极、源极间加正电压 U_{GS} 时，由于栅极是绝缘的，所以不会有栅极电流流过，但栅极的正电压会将其下面 P 区中的空穴推开，而将 P 区中的电子吸引到栅极下面的 P 区表面，如图 3-9b 所示。当 U_{GS} 大于 U_T（开启电压，也称阈值电压，典型值为 2~4V）时，栅极下 P 区表面的电子浓度将超过空穴浓度，使 P 型半导体反型成 N 型而成为反型层，该反型层形成 N 沟道而使 PN 结消失，漏极和源极导电，如图 3-9c 所示。栅源电压 U_{GS} 越高，反型层越厚，导电沟道越宽，漏极电流越大。漏极电流 I_D 不仅受到栅源电压 U_{GS} 的控制，而且与漏源电压 U_{DS} 也密切相关。以栅源电压 U_{GS} 为参变量反映漏极电流 I_D 与漏源电压 U_{DS} 间关系的曲线称为功率 MOSFET 的输出特性；漏极电流 I_D 和栅源电压 U_{GS} 的关系反映了输入控制电压与输出电流的关系，称为 MOSFET 的转移特性，如图 3-10a 所示。

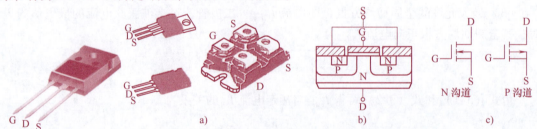

图 3-8 功率 MOSFET 的外形、结构和电气图形符号

a) 外形　b) 结构　c) 电气图形符号

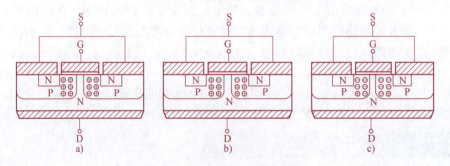

图 3-9 功率 MOSFET 导电机理

a) $U_{GS}=0$　b) $0<U_{GS}<U_T$　c) $U_{GS}>U_T$

功率 MOSFET 输出特性如图 3-10b 所示，由图示可以看到输出特性分为三个工作区：截止区、饱和区和非饱和区。

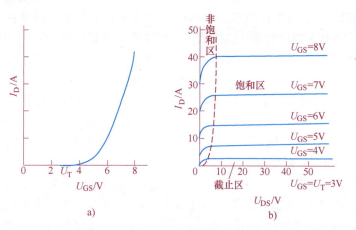

图 3-10 功率 MOSFET 的转移特性及输出特性
a) 功率 MOSFET 转移特性　b) 功率 MOSFET 输出特性

1) 截止区，$U_{GS} < U_T$，$I_D = 0$。

2) 饱和区（或称为有源区），$U_{GS} > U_T$，在该区中当 U_{GS} 不变时，I_D 几乎不随 U_{DS} 的增加而加大，近似为一个常数，故称为饱和区。当用于开关工作时，功率 MOSFET 在此区内运行。

3) 非饱和区（或称为可调电阻区），此时漏源电压 U_{DS} 与漏极电流 I_D 之比近似为常数，而几乎与 U_{GS} 无关。当功率 MOSFET 用于线性放大时，应工作在此区。

2. 功率 MOSFET 的开关特性

如图 3-11a 所示是用来测试功率 MOSFET 开关特性的电路，R_S 为信号源内阻，R_G 为栅极电阻，R_L 为漏极负载电阻，R_F 用于检测漏极电流。如图 3-11b 所示为功率 MOSFET 开关特性曲线，图中 u_p 为矩形波信号源，u_{GS} 是栅源电压波形，i_D 是漏极电流波形，$t_{d(on)}$ 是开通延迟时间，t_r 是上升时间，$t_{d(off)}$ 是关断延迟时间，t_f 是下降时间。

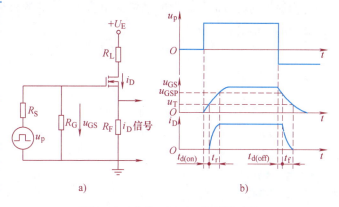

图 3-11 功率 MOSFET 的开关过程
a) 测试电路　b) 功率 MOSFET 的开关特性曲线

功率 MOSFET 开通时间 t_{on} 为开通延迟时间 $t_{d(on)}$ 与上升时间 t_r 之和，即

$$t_{on} = t_{d(on)} + t_r \tag{3-4}$$

功率 MOSFET 关断时间 t_{off} 为开通延迟时间 $t_{d(off)}$ 与下降时间 t_f 之和，即

$$t_{off} = t_{d(off)} + t_f \tag{3-5}$$

3. 主要参数

(1) 漏源击穿电压 U_{DSS} U_{DSS} 通常为结温在 25～150℃ 时，漏源极的击穿电压，该参数限制了功率 MOSFET 的最高工作电压，常用的功率 MOSFET 的 U_{DSS} 通常在 1000V 以下，尤其是 U_{DSS} 在 500V 及以下器件的各项性能最佳。需要注意的是常用的功率 MOSFET 的漏源击穿电压具有正温度系数，因此在温度低于测试条件时，U_{DSS} 会低于产品手册数据。

(2) 漏极连续电流额定值 I_D 和漏极脉冲电流峰值 I_{DM} I_D 和 I_{DM} 是标称功率 MOSFET 的电流定额参数，一般情况下，I_{DM} 是 I_D 的 2～4 倍。工作温度对器件的漏极电流影响很大，产品的生产厂商通常也会给出不同壳温下，允许的漏极连续电流变化范围，在实际器件参数计算时，必须考虑其损耗及散热情况得出壳温，由此核算器件的电流定额，通常在壳温为 80～90℃ 时，器件可用的连续工作电流只有额定值 I_D 的 60%～70%（$T_C = 25℃$）。

(3) 漏源通态电阻 $R_{DS(on)}$ 在栅源间施加一定电压（10～15V）时，漏源间的导通电阻称为漏源通态电阻。漏源通态电阻 $R_{DS(on)}$ 直接影响器件的通态压降及损耗，通常额定电压低、电流大的器件 $R_{DS(on)}$ 较小，此外，$R_{DS(on)}$ 还与驱动电压及结温有关。增大驱动电压可以减小 $R_{DS(on)}$。$R_{DS(on)}$ 具有正的温度系数，随着结温的升高而增加，这一特性使功率 MOSFET 并联运行较为容易。

(4) 栅源击穿电压 U_{GSS} 由于栅源之间的 SiO_2 绝缘层很薄，当 $|U_{GS}| > 20V$ 时将导致绝缘层击穿。因此在焊接、驱动等方面必须注意。

(5) 跨导 G_{fs} 在规定的工作点下，功率 MOSFET 转移特性曲线的斜率称为该器件的跨导，即

$$G_{fs} = \frac{dI_D}{dU_{GS}} \quad (3-6)$$

(6) 极间电容   功率 MOSFET 的三个电极之间分别存在极间电容 C_{GS}、C_{GD} 和 C_{DS}。一般生产厂商提供的是漏源极短路时的输入电容 C_{iss}、共源极输出电容 C_{oss} 和反向转移电容 C_{rss}。它们之间的关系是：

$$C_{iss} = C_{GS} + C_{GD} \quad (3-7)$$

$$C_{rss} = C_{GD} \quad (3-8)$$

$$C_{oss} = C_{GD} + C_{DS} \quad (3-9)$$

尽管功率 MOSFET 是用栅源间电压驱动，阻抗很高，但由于存在输入电容 C_{iss}，开关过程中驱动电路要对输入电容充放电。这样，用作高频开关时，驱动电路必须具有很低的内阻抗及一定的驱动电流能力。

> **问题引导 3：** 什么是绝缘栅双极型晶体管（IGBT）？

电力晶体管（GTR）属于双极型电流驱动器件，其优点是通流能力很强，但不足之处是开关速度相对低，驱动功率大，驱动电路复杂；而功率 MOSFET 是单极型电压驱动器件，其优点是开关速度快，输入阻抗高，所需驱动功率小，而且驱动电路简单，缺点是导通压降大。将这两类器件的优点，即 GTR 的低导通压降与功率 MOSFET 的高输入阻抗结合起来制成的复合型器件，称为 Bi-MOS 器件，即绝缘栅双极型晶体管（Insulate-Gate Bipolar Transistor, IGBT）。它综合了 GTR 和 MOSFET 的优点，因而具有低导通压降和高输入阻抗的综合优点。IGBT 自投入市场以来，已成为中、大功率电力电子设备的主导器件。当前 IGBT 工

作电压和工作电流的应用水平已分别达到 2500～6500V 和 600～2500A。

1. IGBT 的结构和工作原理

IGBT 也是三端器件，具有栅极 G、集电极 C 和发射极 E。图 3-12a 所示为一种由 N 沟道功率 MOSFET 与双极型晶体管组合而成的 IGBT 的基本结构，与功率 MOSFET 对照可以看出，IGBT 比功率 MOSFET 多一层 P$^+$ 注入区，因而形成了一个大面积的 P$^+$、N$^+$ 结 J$_1$。这样使得 IGBT 导通时由 P$^+$ 注入区向基区发射少量载流子，从而对漂移区电导率进行调制，使得 IGBT 具有很强的通流能力，其简化等效电路如图 3-12b 所示，可以看出这是双极型晶体管与功率 MOSFET 组成的达林顿结构，相当于一个由功率 MOSFET 驱动的厚基区外 PNP 型晶体管。图中 R_S 为晶体管基区内的调制电阻，因此，IGBT 的驱动原理与功率 MOSFET 基本相同，它是一种场控器件，其开通和关断是由栅极和发射极间的电压 U_{GE} 决定的，当 U_{GE} 为正且大于开启电压 $U_{GE(th)}$ 时，功率 MOSFET 内形成沟道，并为晶体管提供基极电流使其导通。当栅极与发射极之间施加反向电压或不加电压时，功率 MOSFET 内的沟道消失，晶体管无基极电流，IGBT 关断。

上面介绍的 PNP 型晶体管与 N 沟道功率 MOSFET 组合而成的 IGBT 称为 N 沟道 IGBT，记为 N-IGBT，其电气图形符号如图 3-12c 所示，N-IGBT 和 P-IGBT 统称为 IGBT。由于实际应用中以 N 沟道 IGBT 为多，因此下面仍以 N 沟道 IGBT 为例进行介绍。

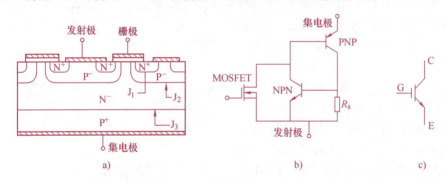

图 3-12 IGBT 的结构、简化等效电路和电气图形符号
a) IGBT 基本结构 b) IGBT 简化等效电路 c) N-IGBT 电气图形符号

2. IGBT 基本特性

（1）静态特性　图 3-13a 所示为 IGBT 的转移特性，它描述的是集电极电流 I_C 与栅射电压 U_{GE} 之间的关系，与功率 MOSFET 的转移特性类似。开启电压 $U_{GE(th)}$ 是 IGBT 能实现电导调制而导通的最低栅射电压。$U_{GE(th)}$ 随温度升高而略有下降，温度每升高 1℃，其值下降 5mV 左右。在 25℃时，$U_{GE(th)}$ 的值一般为 2～6V。

如图 3-13b 所示为 IGBT 的输出特性，也称伏安特性，它描述的是以栅射电压为参考变量时，集电极电流 I_C 与集射极间电压 U_{CE} 之间的关系。此特性与 GTR 的输出特性相似，不同的是参考变量，IGBT 为栅射电压 U_{CE}，而 GTR 为基极电流 I_B。IGBT 的输出特性也分为 3 个区域：正向阻断区、有源区和饱和区。这分别与 GTR 的截止区、放大区和饱和区相对应。此外，当 $U_{CE}<0$ 时，IGBT 为反向阻断工作状态。在电力电子电路中，IGBT 工作在开通和关断状态，因而是在正向阻断区和饱和区之间来回转换。

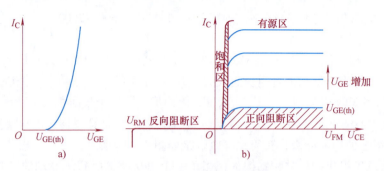

图 3-13 IGBT 的转移特性和输出特性
a) 转移特性　b) 输出特性

（2）动态特性　图 3-14 所示为 IGBT 开关过程的波形。IGBT 的开通过程与功率 MOSFET 的开通过程很相似，这是因为 IGBT 在开通过程中大部分时间是作为功率 MOSFET 来工作的。如图 3-14 所示，从驱动电压 U_{GE} 的前沿上升至其幅值的 10% 的时刻起，到集电极电流 I_C 上升至其幅值的 10% 的时刻止的这段时间为开通延迟时间 $t_{d(on)}$。而 I_C 从 10% I_{CM} 上升至 90% I_{CM} 所需时间为电流上升时间 t_r。同样，开通时间为开通延迟时间与电流上升时间 t_r 之和。开通时，集射电压 U_{CE} 的下降过程分为 t_{fv1} 和 t_{fv2} 两段。前者为 IGBT 中功率 MOSFET 单独工作的电压下降过程；后者为功率 MOSFET 和 PNP 型晶体管同时工作的电压下降过程。由于 U_{CE} 下降时 IGBT 中功率 MOSFET 的栅漏电容增加，而且 IGBT 中的 PNP 型晶体管由放大状态转入饱和状态也需要一个过程，因此 t_{fv2} 段电压下降过程变缓。只有在 t_{fv2} 段结束时，IGBT 才完全进入饱和状态。

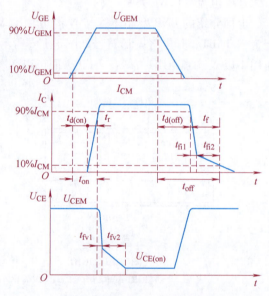

图 3-14 IGBT 开关过程的波形

IGBT 关断时，从驱动电压 U_{GE} 的脉冲后沿下降到其幅值的 90% 的时刻起，到集电极电流下降至 90% I_{CM} 止的这段时间为关断延迟时间 $t_{d(off)}$。集电极电流从 90% I_{CM} 下降至 10% I_{CM} 的这段时间为电流下降时间 t_f。二者之和为关断时间 t_{off}。电流下降时间可以分为 t_{fi1} 和 t_{fi2} 两段。其中 t_{fi1} 对应 IGBT 内部的功率 MOSFET 的关断过程，这段时间极电极电流 I_C 下降较快；t_{fi2} 对应 IGBT 内部的 PNP 型晶体管的关断过程，这段时间内功率 MOSFE 已经关断，IGBT 又无反向电压，所以 N 基区内的少数载流子复合缓慢，造成 I_C 下降较慢。由于此时集射电压已经建立，因此较长的电流下降时间会产生较大的关断损耗。为解决此问题，可以与 GTR 一样通过减轻饱和程度来缩短电流下降时间，不过同样也需要与通态压降折中。

可以看出，IGBT 虽然有电导调制效应的优点，但也引入了少数载流子储存现象，因而 IGBT 的开关速度要低于功率 MOSFET。

此外，IGBT 的击穿电压、通态压降和关断时间也是需要折中的参数。高压器件的 N 基区必须有足够宽度并且具有较高的电阻率，这会引起通态压降的增大和关断时间的延长。

3. IGBT 的主要参数及特点

（1）除了前面提到的各参数之外，IGBT 的主要参数还包括

1）最大集射极间电压 U_{CES}。这是由器件内部的 PNP 型晶体管所能承受的击穿电压所确定的。

2）最大集电极电流 I_{CM}。包括额定直流电流 I_C 和 1ms 脉宽最大电流 I_{CP}。

3）最大集电极功率 P_{CM}。在正常工作温度下允许的最大耗散功率。

（2）IGBT 的特性和参数特点如下

1）IGBT 开关速度高，开关损耗小。在电压 1000V 以上时，IGBT 的开关损耗只有 CTR 的 1/10，与功率 MOSFET 相当。

2）在相同电压和电流定额的情况下，IGBT 的安全工作区比 GTR 大，而且具有耐脉冲电流冲击的能力。

3）IGBT 的通态压降比功率 MOSFET 低，特别是在电流较大的区域。

4）IGBT 的输入阻抗高，其输入特性与功率 MOSFET 类似

5）与功率 MOSFET 的 GTR 相比，IGBT 的耐压和通流能力还可以进一步提高，同时可保持开关频率高的特点。

4. IGBT 的擎住效应和安全工作区

如图 3-12 所示的 IGBT 结构，在 IGBT 内部寄生着一个 N^-PN^+ 型晶体管和作为主开关器件的 P^+NP^- 型晶体管组成的寄生晶闸管，其中 N^-PN^+ 型晶体管的基极与发射极之间存在体区短路电阻，P 形体区的横向空穴电流会在该电阻上产生压降，相当于对 J_3 结施加一个正向偏压，在额定集电极电流范围内，这个偏压很小，不足以使 J_3 开通，然而一旦 J_3 开通，栅极就会失去对集电极电流的控制作用，导致集电极电流增大，造成器件功耗过高而损坏，这种电流失控的现象（类似普通晶闸管被触发以后，即使撤销触发信号晶闸管，仍然因进入正反馈过程而维持导通的机理）称为擎住效应或自锁效应。引发擎住效应的原因，可能是集电极电流过大（静态擎住效应），也可能是 du_{CE}/dt 过大（动态擎住效应），温度升高也会增加发生擎住效应的危险。

动态擎住效应比静态擎住效应所允许的集电极电流还要小，因此所允许的最大集电极电流实际上是根据动态擎住效应而确定的。

根据最大集电极电流、最大集射极间电压和最大集电极功耗可以确定 IGBT 在导通工作状态的参数极限范围，即正向偏置安全工作区（Forward Biased Safe Operating Area，FB-SOA）；根据最大集电极电流、最大集射极间电压和最大允许电压上升率 du_{CE}/dt 可以确定 IGBT 在阻断工作状态下的参数极限范围，即反向偏置安全工作区（Reverse Biased Safe Operating Area，RBSOA）。

擎住效应曾经是限制 IGBT 电流容量进一步提高的主要因素之一，但经过多年的努力，自 20 世纪 90 年代中后期开始，这个问题已得到了极大的改善，使 IGBT 研究和制造水平迅速提高。

此外，为满足实际电路中的要求，IGBT 往往与反并联的快速恢复二极管封装在一起制成模块，成为逆导器件，选用时应加以注意。

学习任务2　AC/AC 变换电路

学习目标：了解 AC/AC 变换电路的原理与应用。
能力目标：培养学生归纳和学习相关资料的能力。
素质目标：培养学生的创新意识。

知识准备

AC/AC 变换电路是把一种形式的交流（AC）电能转变成另一种形式的交流（AC）电能的电力电子装置，称为交流/交流变换电路，也称直接变换电路。采用晶闸管等电力半导体器件构成的交流/交流变换电路可分为两大类：一类是频率不变仅改变电压大小的交流/交流变换电路，称为恒频变压交流/交流变换电路；另一类是直接将一个较高频率交流电变为较低频率交流电的相控方式降频降压变换电路，称为变压变频交流/交流变换电路。

问题引导 1： 什么是交流调压电路？

恒频恒压交流-恒频变压交流变换电路，通常称为交流调压电路，是指由晶闸管等电力半导体器件构成的，把一种交流电变成另一种同频率不同电压的交流电变换装置。按所变换的相数不同，交流调压电路可分为单相交流调压电路及三相交流调压电路。交流调压器的控制方式有整周波通断控制，相位控制，斩波控制三种。

在整周波通断控制方式中，晶闸管是作为交流开关使用的，它把负载与电源接通几个周波，再断开几个周波，通过改变通断比来改变负载上的电压有效值。相位控制方式是在电源电压上、下半波的某一相位分别触发相应的晶闸管使其导通，通过改变触发延迟角改变负载接通电压的时间，从而达到调压的目的。斩波控制中，晶闸管要带有强迫关断电路或采用 IGBT 等可自关断器件，在每个电压周波中，开关器件多次通断，使电压斩波成多个脉冲，通过改变导通比即可实现调压。三种控制方式的输出电压波形如图 3-15 所示。相位控制交流调压又称相控调压，是交流调压中的基本控制方式，应用最广。

用晶闸管组成的交流调压电路，可以方便地调节输出电压的有效值。它可用于电炉温度控制、灯光调节、异步电动机减压软起动和调压调速等。也可以用于调节变压器的

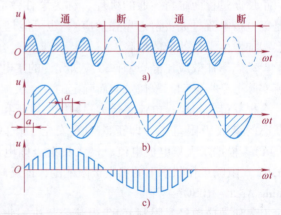

图 3-15　交流调压三种控制方式的输出电压波形
a）整周波通断控制　b）相位控制　c）斩波控制

一次电压，其二次侧多为直流低电压、大电流或高压、小电流负载，而且负载功率一般不超过 500kW。使用这种方法，可使变压器二次侧的整流装置避免使用大容量晶闸管，只需二极管整流即可，有利于增大二次电流或二次电压，用晶闸管在一次侧调压，省去了效率低下的调压变压器，有利于简化结构、降低成本和提高可靠性。晶闸管交流调压电路与调压变压器相比，具有体积小、重量轻、效率高和成本低等优点，是调压变压器的理想替代产品之一。

1. 晶闸管单相交流调压电路

单相交流调压电路是三相交流调压电路的基础，和整流电路一样，交流调压电路的工作情况也和负载性质有很大的关系，因此分别予以讨论。

（1）电阻性负载　如图 3-16 所示为电阻负载单相交流调压电路图及其波形。其中图 3-16a 为主电路，采用晶闸管 VTH_1 和 VTH_2 反并联连接，也可以用一个双向晶闸管 VTH 代替，与负载电阻 R_L 串联接到交流电源 U_1 上。在交流电源 U_1 的正半周开始时刻触发 VTH_1，负半周开始时刻触发 VTH_2，如同一个无触点开关，若正、负半周以同样的触发延迟角 α 分别触发 VTH_1 和 VTH_2，则负载电压有效值随 α 改变而改变，实现了交流调压。如图 3-16b 所示给出了移相角为 α 的输出电压 u 波形，可以看出，负载电压波形是电源电压波形的一部分，负载电流（电源电流）和负载电压的波形相同。晶闸管电流的平均值 I_{dT}、有效值 I_T、负载 R_L 上的电压有效值 U_0 和电路的功率因数 $\cos\varphi$ 表达式分别为

$$I_{dT} = \frac{1}{2\pi}\int_\alpha^\pi \frac{\sqrt{2}U_1\sin\omega t}{R_L}d(\omega t) = \frac{\sqrt{2}U_1}{2\pi R_L}(1+\cos\alpha) \tag{3-10}$$

$$I_T = \sqrt{\frac{1}{2\pi}\int_\alpha^\pi \left(\frac{\sqrt{2}U_1\sin\omega t}{R_L}\right)^2 d(\omega t)} = \frac{U_1}{R_L}\sqrt{\frac{1}{2}\left(1-\frac{\alpha}{\pi}+\frac{\sin 2\alpha}{2\pi}\right)} \tag{3-11}$$

$$U_0 = \sqrt{\frac{1}{\pi}\int_\alpha^\pi (\sqrt{2}U_1\sin\omega t)^2 d(\omega t)} = U_1\sqrt{\frac{\sin 2\alpha}{2\pi}+\frac{\pi-\alpha}{\pi}} \tag{3-12}$$

$$I_0 = \frac{U_0}{R_L} \tag{3-13}$$

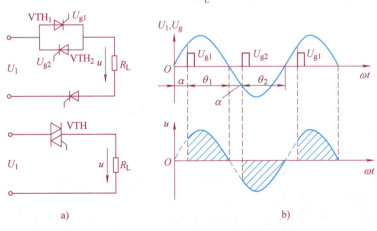

图 3-16　电阻负载单相交流调压电路图及其波形
a）电路　b）波形

$$\cos\varphi = \frac{P}{S} = \frac{U_0 I_0}{U_1 I_0} = \sqrt{\frac{1}{2\pi}\sin2\alpha + \frac{\pi-\alpha}{\pi}} \qquad (3\text{-}14)$$

式中，U_1 为输入交流电压的有效值。

从式（3-12）可以看出，随触发延迟角 α 的逐渐增大，电阻 R_L 上的电压有效值逐渐减小。当 $\alpha = \pi$ 时，$U_0 = 0$，这一结论从图 3-16b 的 u_0 波形中可以证实。因此，单相交流调压电路对电阻负载供电时，其电压可调范围是 $0 \sim U_1$，α 的移相范围是 $0° \sim \pi$。

（2）电阻-电感性负载（阻感负载）阻感负载单相交流调压电路及其波形如图 3-17 所示，阻感负载是交流调压电路最具代表性的负载。

由于电感的储能作用，负载电流的变化滞后于电压的变化，因而和电阻性负载相比具有新的特点。负载电流在电源电压过零后还要延迟一段时间才能降到零，即电压过零时晶闸管不关断，还将继续导通到负半周，延迟的时间与负载功率因数角 φ（$\varphi = \arctan(\omega L/R)$）有关；电流过零时晶闸管关断。晶闸管的导通角 θ 不仅与触发延迟角 α 有关，还与负载阻抗角 φ 有关，必须根据 α 与 φ 的关系分别讨论。

显然，两只晶闸管门极的起始控制点应分别定在电源电压每半周的起始点上，α 的最大移相范围是 $0° \leq \alpha \leq \pi$，正、负半周有相同的 α。

在一个晶闸管导通时，它的管压降因成为另一只晶闸管的反向电压而截止。于是，在一只晶闸管导电时，电路的工作情况与单相半波整流时相同，负载电流 i_0 的表达式为下述微分方程的解：

$$L\frac{\mathrm{d}i_0}{\mathrm{d}t} + Ri_0 = u_1 = \sqrt{2}U_1\sin\omega t \qquad (3\text{-}15)$$

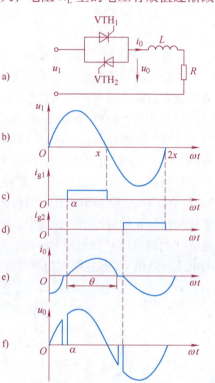

图 3-17 阻感负载单相交流调压电路及其波形
a) 电路 b) u_1 波形 c) i_{g1} 波形
d) i_{g2} 波形 e) i_0 波形 f) u_0 波形

解该方程得：

$$i_0 = \frac{\sqrt{2}U_1}{Z}\left[\sin(\omega t - \varphi) - \sin(\alpha - \varphi) - \frac{\alpha - \omega t}{\tan\varphi}\right] \quad \alpha \leq \omega t \leq \alpha + \theta \qquad (3\text{-}16)$$

式中 Z——$\sqrt{R^2 + (\omega L)^2}$；

φ——$\arctan\dfrac{\omega L}{R}$；

θ——晶闸管的导通角。

另一只晶闸管导电时，情况完全相同，只是与上述表达式存在 180° 相位差。

在单相调压电路中，虽然负载电流 i_0 表达式与单相半波整流电路相同，但由于反并联的两只晶闸管分别在电源电压的正、负半周导通，因此，每只晶闸管的导通角 θ 不可大于

180°，而单相半波整流时，θ 有大于 180°的情况。

导通角 θ 可由边界条件求得，当 $\omega t=\alpha+\theta$ 时，$i_0=0$，将此条件代入式（3-16），得

$$\sin(\alpha+\theta-\varphi)=\sin(\alpha-\varphi)e^{\frac{-\theta}{\tan\varphi}} \quad (3-17)$$

这是一个关于 θ 的超越方程，表达了导通角 $\theta=f(\alpha,\varphi)$ 的关系。由于 $\theta=\pi$ 时意味着负载电流 i_0 连续，$\theta<\pi$ 时意味着 i_0 断续，因此也表达了电流连续与否的运行状态。根据 α、φ 的大小关系的不同，θ 或电路的运行状态也不同。

1）当 $\varphi<\alpha<\pi$ 时，以 φ 为参变量，可得出不同负载特性下 $\theta=f(\alpha,\varphi)$ 曲线族，如图 3-18 所示。对于任一阻抗角中的负载，当 $\alpha=\pi$ 时，$\theta=0°$，$u_0=0$；当 α 从 π 至 φ 逐步减小时（不包括 $\alpha=\varphi$ 这个点），θ 逐步从零增大到接近 π，负载上电压有效值 U_0 也从零值增大到接近 U_1，负载电流 i_0 连续，输出电压 u_0 为缺块正弦波，电路有调压功能，如图 3-19a 所示。

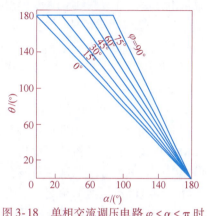

图 3-18 单相交流调压电路 $\varphi<\alpha<\pi$ 时 $\theta=f(\alpha,\varphi)$ 关系曲线族

2）当 $\alpha=\varphi$ 时，将 $\alpha=\varphi$ 代入式（3-16）中，得到的 i_0 表达式只有稳态分量，即

$$i_0=\frac{\sqrt{2}U_1}{Z}[\sin(\omega t-\varphi)]\varphi\leqslant\omega t\leqslant\theta+\varphi \quad (3-18)$$

由式 3-18 可见，输出电流为正弦波并且是连续的（$\theta=\pi$）。电路开始工作后便进入稳态（$u_0=u_1$），输出电压波形为正弦波，调压电路不起调压作用，处于"失控"状态。此时 $\theta=f(\alpha,\varphi)$ 关系如图 3-18 中 $\theta=180°$ 的孤立点所示，波形如图 3-19b 所示。

3）当 $0°<\alpha<\varphi$ 且触发脉冲为单窄脉冲时，由式（3-17）可解得 $\theta>\pi$，即每个晶闸管导通时间将超过半周期。由于 VTH_1 与 VTH_2 的触发脉冲相位相差 π，故在 VTH_2 得到触发时 VTH_1 仍在导通，其管压降构成对 VTH_2 的反向阳极电压，这时的 VTH_2 并不能导通。当电流过零，VTH_1 关断后，VTH_2 的触发脉冲已经消失，因此 VTH_2 还是不能导通。待第二个 VTH_1 脉冲到来后，又将重复 VTH_1 导通、正向电流流过负载的过程。这个过程与单相半波整流的情况完全一样。上述过程将使整个回路中有很大的直流分量电流，

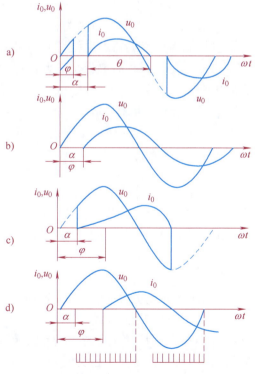

图 3-19 不同 α、φ 时的输出电压电流波形
a) $\varphi<\alpha<\pi$ b) $\alpha=\varphi$ c) $0°<\alpha<\varphi$（窄脉冲）
d) $0°<\alpha<\varphi$（宽脉冲）

如图 3-19c 所示，它会对交流电动机类负载及电源变压器的运行带来严重危害。

4）当 $0° < \alpha < \varphi$ 且触发脉冲为宽脉冲或脉冲列时，则当负载电流过零、VTH_1 关断后，VTH_2 的触发脉冲依然存在，VTH_2 能接着导通，电流能一直保持连续。首次开通所产生的电流自由分量，在衰减到零以后，电路中也就只存在电流稳态分量 i_1，电流连续，如图 3-19d 所示。与 $\alpha = \varphi$ 时不同的是无论触发延迟角 α 多大，晶闸管均在 $\omega t = \varphi$ 处导通。由于电流连续，$u_0 = u_1$，调压电路无电压调节功能，处于"失控"状态。

综上所述，交流调压电路带电感-电阻性负载时，为使电路正常工作，需保证：

① $\varphi < \alpha < \pi$。

② 采用宽度大于 60° 的宽脉冲或脉冲列。

（3）单相交流调压电路的谐波分析　由以上分析可知，除 $\alpha = \varphi$ 和 $\alpha < \varphi$ 之外，其他任何 α 值，负载电压和电流波形都将发生畸变，即存在着谐波电压和电流分量。这些谐波会导致电网功率因数下降，使电网电压波形畸变，危害其他用电设备的正常工作。为此应对其进行分析并在实际应用中设法避免。

由图 3-17f 的电压波形可知，在晶闸管导电时，负载电压等于电源电压，它是正弦波的一部分，含有大量谐波，可以采用傅里叶级数进行分析。从波形中可以看出，负载电压正负半周波形相对于横轴是轴对称的，所以不存在直流分量和偶次谐波分量。其具体分析方法与单相整流电路的谐波分析方法相同，如图 3-20 所示为 $\varphi = 0°$ 时的单相交流调压电路的谐波电流变化曲线。

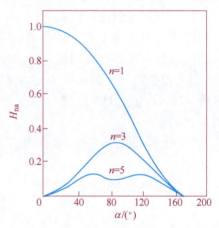

图 3-20　$\varphi = 0°$ 时的单相交流调压电路的谐波电流变化曲线

2. 三相交流调压电路

若把三个单相交流调压电路接在对称的三相电源上，让其互差 $2\pi/3$ 相位工作，则构成了三相交流调压电路，三相交流调压器主电路的连接形式繁多，常见的有图 3-21 所示的几种。

图 3-21a 所示为带有中性线的星形联结，每个单相交流调压电路分别接在自己的相电源上，每相的工作过程与单相交流调压电路完全一样。各相电流的所有谐波分量都能经中性线流通而加在负载上。由于三相中的 3 倍频谐波电流的相位相同，因此它们将在中性线中叠加而使中性线流过相当大的三次谐波电流，这会给电源变压器及其他负载带来不利的影响，故很少采用。

图 3-21b 所示为无中性线的星形联结，它的波形正负对称，负载中及电路中都无三次谐波电流，因此得到广泛的应用。

图 3-21c 所示为三角形联结，每个带负载的单相交流调压电路跨接在线电压上，每相工作时的电压电流波形也与单相交流调压电路相同，但 3 倍频的谐波电流在线电流中无法流通，而在三角形内自成环流流通，故线电流中将不出现 3 倍频的谐波电流。但负载必须是 3 个独立的电路，要有 6 个线头引出才能应用。

图 3-21d 所示的两种电路的优点是所用的晶闸管只要 3 只，但其缺点是电压、电流的正

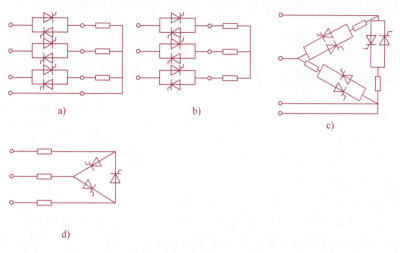

图 3-21 三相交流调压器主电路的连接
a) 带有中性线星形联结 b) 无中性线星形联结 c) 负载与晶闸管串联的三角形联结 d) 晶闸管三角形联结

负半周不对称,谐波分量大。

下面就以典型的星形联结三相交流调压电路为例分析其工作原理,主要分析电阻负载时的情况。

三相交流调压电路对触发脉冲的要求与三相全控桥式整流电路完全相同,即采用双窄脉冲或宽脉冲触发,触发脉冲顺序也是 $VTH_1 \sim VTH_6$,依次相差 60°,三相的触发脉冲应依次相差 120°,同一相的两个反并联晶闸管触发脉冲应相差 180°。

图 3-22 所示为电阻负载星形联结的三相交流调压器,为分析其工作原理,首先要确定触发脉冲起始控制点,电阻负载时相电流和相电压同相位,且相电压过零时刻开始,相应的二极管开始导通。因此把相电压过零点定为 $\alpha = 0°$ 点。该点与三相全控桥式整流电路不同,由于三相全控桥式整流电路任何时刻最多只能有两个晶闸管导通,因而

图 3-22 电阻负载星形联结的三相交流调压器

$\alpha = 0°$ 定在自然换相点。三相交流调压器中,存在 3 个晶闸管同时导通的时刻。所以,不论是单相还是三相调压器,$\alpha = 0°$ 点都是定在电压过零时刻。三相三线电路中,两相间是靠线电压导通的,而线电压超前相电压 30°,因此,α 的移相范围是 0°~150°。

交流调压电路是靠改变施加到负载上的电压波形来实现调压的,因此分析得到负载电压波形是最重要的。对星形联结的三相交流调压电路中的相来说,只要两个晶闸管之中有一个导通,则该支路是导通的。

从三相来看,任何时候电路只可能是下列三种情况中的一种:
1) 三相全不通,调压电路开路,每相负载的电压都为零。
2) 三相全导通,调压电路直通,则每相负载的电压是所接相的相电压,称为第一类工

作状态。

3）其中两相导通，在电阻负载时，导通相负载上的电压是该两相线电压的1/2，非导通相负载的电压为零，称为第二类工作状态。在电动机类负载时，则可由电动机的约束条件（电动机方程）来推得各相的电压值。

因此，只要能判别各晶闸管的通断情况，就能确定该电路的导通相数，从而得到该时刻的负载电压值，判别一个周波能得到负载电压波形，根据波形可分析交流调压电路的各种工况。

下面分析几个不同触发延迟角 α 下的工作情况。

（1）触发延迟角 $\alpha = 0°$　图 3-23 所示为 $\alpha = 0°$ 时的电压波形。晶闸管触发信号在各相电压的自然过零点给出，任何时刻每相均有一个晶闸管导通，三相电压直接接到三相电阻 R 上，电压、电流及所有晶闸管的导通都是三相对称的。三相电源的中性点与三相负载的中性点电位相等：所以处于第一类工作状态。此时，线电流峰值 i_{M1} 等于相电压峰值除以电阻 R，即

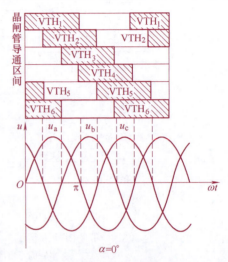

图 3-23　电阻性负载星形联结三相交流调压器 $\alpha = 0°$ 时的电压波形

$$i_{M1} = \frac{\sqrt{2}U_L}{\sqrt{3}R} \tag{3-19}$$

式中，U_L 为线电压有效值。

（2）触发延时角 $\alpha = 60°$　如图 3-24a 所示为 $\alpha = 60°$ 时的电压波形。图中 $\alpha = 60°$ 时 VTH_1 开始触发导通。此后每延迟 $60°$，$VTH_2 \sim VTH_6$ 依次开始导通。VTH_1 导通 $120°$，到 $\omega t \geq 180°$ 时，VTH_3 开始导通，此时，由于 $u_{ab} < 0$，故 VTH_1 立即截止，而 VTH_4 的触发脉冲尚未到达，故 a 相停止导电，所以 a 相正半波电流 i_a 仅在 $60° \leq \omega t \leq 180°$ 的 $120°$ 期间存在。在 VTH_1 和 VTH_6 导通期间Ⅰ，$i_a = \frac{u_{ab}}{2R}$，在随后的 VTH_1 和 VTH_2 导通期间Ⅱ，$i_a = \frac{u_{ac}}{2R}$。同理在 $240° \leq \omega t \leq 360°$ 的 $120°$ 期间，VTH_4 导通，此时 i_a 为负。因此 a 相电流是 $120°$ 宽的交流电流波。同理 i_b、i_c 都是 $120°$ 宽的交流电流波。每个晶闸管对称导通 $120°$，任何时刻仅有两相、两个晶闸管同时导通。因此 $\alpha = 60°$ 时，调压器工作在第二类工作状态。此时，线电流的峰值 i_{M2} 为

$$i_{M2} = \frac{\sqrt{2}U_L}{2R}\sin 30° \tag{3-20}$$

（3）触发延时角 $\alpha = 120°$　如图 3-24b 所示为 $\alpha = 120°$ 时的电压波形。图中 $\alpha = 120°$ 时 VTH_1 开始触发导通。此后每延迟 $60°$，$VTH_2 \sim VTH_6$ 依次开始导通。VTH_1 导通 $30°$ 区间Ⅰ中，VTH_1、VTH_6 导通，电压为 u_{ab}，$i_a = \frac{u_{ab}}{2R}$。$30°$ 以后，$u_{ab} < 0$，VTH_6 受反压关断，u_{ac} 虽然为正值，但 VTH_2 触发脉冲尚未到达区间Ⅱ（$30°$）中，VTH_2 不导通，i_a 形成不了回路，

$i_a=0$。在随后的区间Ⅲ（30°）中，VTH$_1$、VTH$_2$ 导通，电压为 u_{ac}，$i_a=\dfrac{u_{ac}}{2R}$。电流波形在半周期的 120°期间有两个断续的脉动电流。

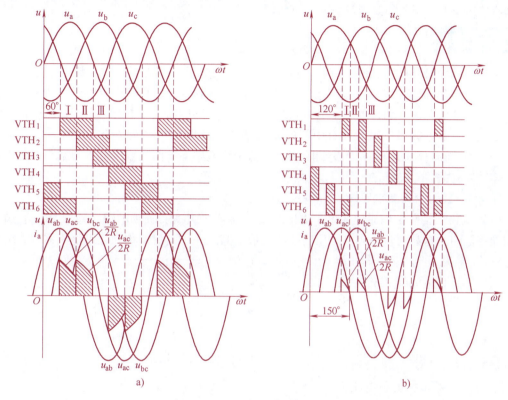

图 3-24　$\alpha=60°$和 $\alpha=120°$时晶闸管的导通情况与电流波形
a) $\alpha=60°$　b) $\alpha=120°$

根据不同触发延迟角 α 时电路的工作情况，通过对其波形分析可以得出：$\alpha<30°$时调压电路处于第一类工作状态；$\alpha=30°$是第一类与第二类工作状态的临界点；$30°<\alpha<60°$时，每隔 30°交替地出现第一类和第二类工作状态；$\alpha>60°$时，全部变为第二类工作状态；$\alpha>90°$时，电流开始出现断流；$\alpha\geqslant 150°$时，电路不能工作。所以本电路脉冲移相范围是 $0°\leqslant\alpha<150°$。

当三相负载为阻感负载时，也就是 $\varphi>0°$时的情况，分析与处理办法与单相相同，其工作过程和波形可自行分析。

问题引导 2：什么是交流电力电子开关？

把晶闸管反并联后串入交流电路中，代替电路中的机械开关，起接通和断开电路作用的称为交流电力电子开关。和机械开关相比，这种开关响应速度快，没有触点，寿命长，可以频繁控制通断。

交流调功电路也可控制电路的接通和断开，其控制手段是改变控制周期内电路导通周波数和断开周波数的比值，但它以控制电路的平均输出功率为目的。而交流电力电子开关并不去控制电路的平均输出功率,通常也没有明确的控制周期,而只是根据需要控制电路的接通和断开。一般情况下,交流电力电子开关的控制频率比交流调功电路的低得多。例如,电网进行无功功率补偿时,工业应用中就是采用交流电力电子开关来控制电容器的投入与切除,要求器件切换的频率就不是很高。

问题引导3：什么是交流/交流变换电路？

交流/交流变换电路直接将电网固定频率的交流电变换为所需频率的交流电,这种交流装置称为交流/交流变频器,也称周波变换器(Cycloconverter),它广泛应用于大功率、低转速的交流电动机调速传动,也用于电力系统无功补偿、感应加热用电源、交流励磁变速、恒频发电机的励磁电源等。因为没有中间的直流环节,减少了一次能量变换过程,消耗能量少。但这种变频电路的输出频率受到限制,它低于输入频率,而且输出电压频率与变频电路的具体结构有关。

1. 单相交流/交流变换电路

(1) 电路结构和工作原理　单相输出交流/交流变换电路组成如图3-25a所示,它由具有相同特征的两组晶闸管整流电路反向并联构成。其中一组整流器称为正组整流器(P组),另外一组称为反组整流器(N组)。如果正组整流器工作,反组整流器被封锁,则负载端输出电压为上正下负,负载电流i_0为正;如果反组整流器工作,正组整流器被封锁,则负载端得到输出电压为上负下正,负载电流i_0为负。这样,只要交替地以低于电源的频率切换正反组整流器的工作状态,则在负载端就可以获得交变的输出电压。如果在一个周期内触发延迟角α是固定不变的,则输出电压波形为矩形波。此种方式控制简单,但矩形波中含有大量的谐波,对电动机负载工作很不利。如果触发延迟角α

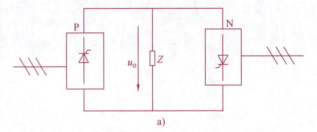

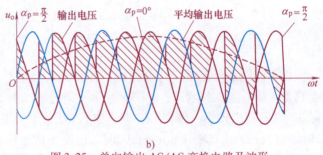

图3-25　单向输出AC/AC变换电路及波形
a) 电路　b) 输出电压

不固定,在正组工作的半个周期内让触发延迟角α按正弦规律从90°逐渐减小到0°,然后再由0°逐渐增大到90°,那么正组整流电路的输出电压的平均值就按正弦规律变化,从零增加到最大,然后从最大减小到零,如图3-25b所示(三相交流输入)。在反组整流电路工作的半个周期内采用同样的控制方法就可以得到接近正弦波的输出电压。两组变流器按一定的频率交替工作,负载就得到该频率的交流电。

不难看出,在交流/交流变换电路中,改变两组变流器的切换频率,就可改变输出频率ω_0;改变交流电路的触发延迟角α,就可以改变交流输出电压的幅值。也就是说,通过控制电路能实现变频变压。

正反两组整流器切换时,不能简单地将原来工作的整流器封锁,同时将原来封锁的整流器立即导通。因为导通了的晶闸管并不能在触发脉冲取消的那一瞬间立即被关断,必须待晶闸管承受反压时才能关断,如果两组整流器切换时,触发脉冲的封锁和开放同时进行,原先导通的整流器不能立即关断,而原来封锁的整流器已经导通,就会出现两组桥同时导通的现象,将产生很大的短路电流,导致晶闸管损坏。为了防止在负载电流反向时产生环流,将原来工作的整流器封锁后,必须留有一定死区时间,再将原来封锁的整流器开放工作,这就要求两组桥在任何时刻只有一组桥工作,且在两组桥之间不存在环流,这种控制方式称为无环流控制方式。

(2) 变换电路的工作过程 交流/交流变换电路的负载可以是阻感负载、电阻负载或阻容负载,也可以是交流电动机负载。下面以阻感负载为例,说明组成变换电路的两组相控整流电路的工作过程。

将阻感负载的交流/交流变换电路理想化,忽略交流电路换相时 u_0 的脉动分量,就可把变换电路等效成如图 3-26a 所示的正弦波交流电源和二极管的串联电路,其中,交流电源表示变换电路可输出交流正弦电压,二极管体现了变流电路的电流单向性。设负载阻抗角为 φ,即输出电流滞后输出电压 φ 角。两组变流电路工作时,采取直流可逆调速系统中的无环流工作方式,即一组变流电路工作时,封锁另一组变流电路的触发脉冲。其工作状态说明如下:

在 $t_1 - t_3$ 期间:负载电流 i_0 处于正半周,此时正组工作,反组被封锁,其中 $t_1 - t_2$ 阶段,输出电压 u_0 和电流 i_0 均为正,正组整流,输出功率为正;$t_2 - t_3$ 阶段,输出电压 u_0 反向变负,电流 i_0 仍为正,正组逆变,输出功率为负。

在 $t_3 - t_5$ 期间:负载电流 i_0 处于负半周,此时反组工作,正组被封锁,其中 $t_3 - t_4$ 阶段,输出电压 u_0 和电流 i_0 均为负,反组整流,输出功率为正;$t_4 - t_5$ 阶段,输出电压 u_0 反向变正,电流 i_0 仍为负,反组逆变,输出功率为负。

输出电压 u_0 和输出电流 i_0 波形如图 3-26b 所示,由此可确定哪组整流电路工作是由输出电流 i_0 的方向决定,而与输出电压 u_0 的极性无关。变流电路是工作于整流状态还是逆变状态,则是由输出电压方向和输出电流方向是否相同来确定的。

对于阻感负载,其输出电压超前电流。考虑无环流工作方式下输出电流 i_0 过零的死区时间,可以将如图 3-27 所示变换电路中一个周期输出的波形分为 6 个阶段。各阶段工作情况分析如下:

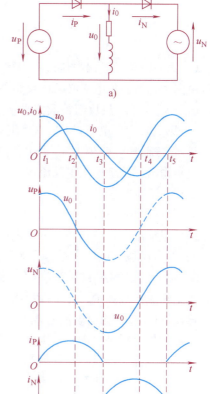

图 3-26 理想化 AC/AC 变换电路的整流和逆变工作状态
a) AC/AC 变频电路 b) 电压、电流波形

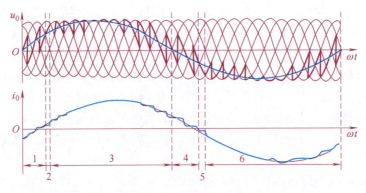

图 3-27 单相 AC/AC 变换电路输出电压和电流波形

1）第一阶段。输出电压过零为正，由于电流滞后，输出电流 $i_0<0$，整流器的输出电流具有单向性，负载负电流必须由反组整流器输出，此阶段反组整流器工作，正组整流器被封锁。由于 u_0 为正，故反组整流器必须工作在有源逆变状态。

2）第二阶段。电流过零，为无环流死区。

3）第三阶段。输出电流 $i_0>0$，输出电压 $u_0>0$。由于电流方向为正，反组电流须由正组整流器输出，此阶段正组整流器工作，反组整流器被封锁。由于 u_0 为正，故正组整流器必须工作在整流状态。

4）第四阶段。输出电流 $i_0>0$，输出电压 $u_0<0$。由于电流方向没有改变，正组整流器工作，反组整流器仍被封锁，由于电压反向为负，故正组整流器工作在有源逆变状态。

5）第五阶段。电流为零，为无环流切换死区。

6）第六阶段。输出电流 $i_0<0$，输出电压 $u_0<0$，电流方向为负，反组整流器必须工作，正组整流器被封锁，此阶段反组整流器工作在整流状态。

输出电压 u_0 和输出电流 i_0 的相位差小于 90°时，一周期内电网向负载提供能量的平均值为正，如果负载是电动机，则电动机工作在电动状态；当二者相位差大于 90°时，一周期内电网向负载提供能量的平均值为负，电网吸收能量，则电动机工作在发电状态。

2. 三相交流/交流变换电路

交流/交流变换电路主要用于交流调速系统，因此，实际使用的主要是三相交流/交流变换器。三相交流/交流变换电路是由 3 组输出电压相位差为 120°的单相交流/交流变换电路组成的，电路接线形式主要有两种。

（1）公共交流母线进线方式　图 3-28 所示的是采用公共交流母线进线方式的三相交流/交流变换电路原理，它由三相彼此独立的、输出电压相位差为 120°的单相交流/交流变换电路组成，它们的电源进线通过进线电抗器接在公共的交流母线上。因为电源进线端公用，所以三相变换电路的输出端必须隔离。为此，交流电动机的 3 个绕组必须拆开，同时引出 6 根线，采用公共交流母线进线方式的三相交流/交流变换电路主要用于中等容量的交流调速系统。

（2）输出星形联结方式　图 3-29 所示的是采用输出星形联结方式的三相交流/交流变换电路原理，电源进线通过进线电抗器接在公共的交流母线上。三相交流/交流变换电路的输出端采用星形联结，电动机的 3 个绕组也采用星形联结，电动机中性点和变换器中性点接在一起，电动机只引3根线即可。因为三组单相变换器连接在一起，电源进线端公用，其电源进线就必须隔离，故3组单相变换器分别用3个变压器供电。和整流电路一样，同一组桥内的两个晶体管靠双触发脉冲保证同时导通，两组桥之间则靠各自的触发脉冲有足够的宽度，以保证同时导通。

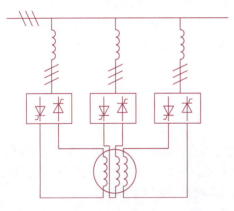

图3-28 采用公共交流母线进线方式
的三相交流/交流变换电路原理

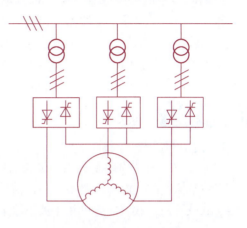

图3-29 采用输出星形联结方式
三相交流/交流变换电路原理

三相交流/交流变换电路总的有功功率为各相有功功率之和，但是视在功率应由输入电压有效值和输入的总电流有效值来计算，比三相各自的视在功率之和要小。因此，三相交流/交流变换电路总输入功率因数高于单相交流/交流变换电路。从另一方面来分析，单相、三相交流/交流变换电路输入位移因数相同，而构成三相电路的三个单相交流/交流变换电路的部分输入电流谐波相互抵消，三相电路的基波因数增大，使得总输入功率因数有所提高，这是相对单相而言的，功率因数低仍然是三相交流/交流变换电路的主要缺点。

在采用输出星形联结的三相交流/交流变换电路中，各相输出的是相电压，而加在负载上的是线电压，如果在各相电压中叠加同样的直流分量或3倍于输出频率的谐波分量，则它们不会在线电压中反映，也不会加到负载上，利用这一特性可以改善输入功率因数并提高输出电压。

在三相交流/交流变换电路中，如果使三组单相变换电路的输入电压波形均为准梯形波（准梯形波的主要谐波为三次谐波），那么在线电压中三次谐波将抵销，线电压仍为正弦波。在梯形波输出方式中，电路工作在高输出电压区域（梯形波平顶部分），时间增加，α减小，可利用这种方法改善输入功率因数。

交流/交流变换电路的特点如下：直接一次变换，效率较高；可方便实现四象限工作；低频输出波形接近正弦波。

学习任务3　AC/DC 变换电路

学习目标：了解 AC/DC 变换电路的原理与应用。
能力目标：培养学生归纳和学习相关资料的能力。
素质目标：培养学生的创新意识。

知识准备

AC/DC 变换电路，是将交流（AC）电变换成直流（DC）电的电路，大多数整流电路由变压器、整流主电路、滤波器等组成。20 世纪 70 年代以后，整流主电路多用硅整流二极管或晶闸管组成，滤波器接在主电路与负载之间，用于滤除脉动直流电压中的交流成分，变压器设置与否视具体情况而定，变压器的作用是实现交流输入电压与直流输出电压间的匹配以及交流电网与整流电路之间的电隔离。

问题引导 1： 什么是不可控整流电路？

1. 单相半波整流电路

（1）定义　整流电路是利用二极管的单向导电性将交流电转换成脉动直流电的电路。

半波整流电路是电源电路中一种最简单的整流电路，它的电路结构最为简单，由整流变压器、二极管及负载组成。单相半波整流电路与波形如图 3-30 所示。

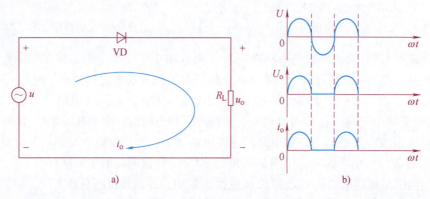

图 3-30　单相半波整流电路与波形
a）电路　b）波形

（2）工作原理　当 u 为正半周时，二极管 VD 正向导通；当 u 为负半周时，二极管 VD 反向截止。

整流波形如图 3-31 所示。由于这种电路只在交流的半个周期内才导通，也只有在正半周时才有电流流过负载，故称为单相半波整流电路。

（3）输出电压和输出电流　负载电阻上得到的是一个半波整流电压，整流电压虽然是单方向的，但其大小是变化的，称之为脉动直流电压，如图 3-32 所示。整流输出电压平均值 $U_o = 0.45U$。

半波整流电路的输出电压不到输入电压的一半，交流分量大，效率低。因此这种电路仅适用于整流电流较小，对脉冲要求不高的场合。

2. 单相桥式整流电路

（1）定义　为了克服半波整流电路的缺点，在实际电路中多采用全波整流电路，最常用的全波整流电路是桥式整流电路。桥式整流电路由 4 个二极管接成电桥的形式构成，如

图 3-33 所示为它的简化画法。

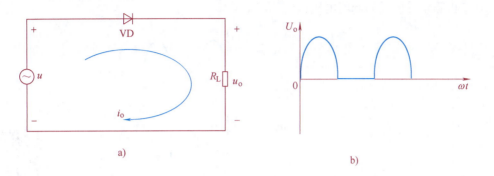

图 3-31　单相半波整流电路与波形
a）电路　b）波形

图 3-32　单相半波整流电路波形变化

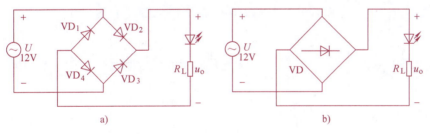

图 3-33　单相桥式整流电路简化画法
a）整流电路　b）整流电路简化画法

单相整流电路

（2）工作原理　当输入信号为正半周时，VD_2、VD_4 导通，VD_1、VD_3 截止，负载上有半波输出；当输入信号为负半周时，VD_1、VD_3 导通，VD_2、VD_4 截止，负载上有半波输出。在输入信号的一个周期内，负载上得到两个半波。单相桥式整流电路与波形如图 3-34 所示。

（3）基本参数　在单相桥式整流电路（图 3-35）中，交流电在一个周期内的两个半波都有同方向的电流流过负载，因此在同样的输入电压下，该电路输出的电流和电压均比半波整流大一倍。

① 整流输出电压平均值：$U_o = 0.9U$。

② 负载的电流：$I_o = \dfrac{U_o}{R_L} = 0.9 \dfrac{U}{R_L}$。

③ 二极管的正向电流：$I_D = 0.5I_o$。

④ 二极管承受的反向峰值电压：$U_{RM} = U_M = \sqrt{2}U$。

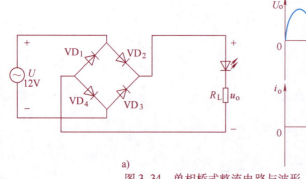
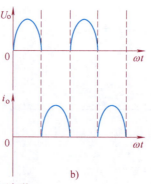

图 3-34　单相桥式整流电路与波形
a) 电路　b) 波形

整流电路的测量

3. 三相桥式整流电路

广泛应用的三相桥式整流电路是从三相半波电流电路扩展而来的。三相桥式整流电路是由两组三相半波整流电路串联而成的，一组接成共阴极，另一组接成共阳极，这种整流电路不再需要变压器中点。

三相桥式不可控整流电路如图 3-36 所示，VD_1、VD_3、VD_5 共阴极三相半波整流，VD_2、VD_4、VD_6 共阳极三相半波整流。

三相整流电路的测量

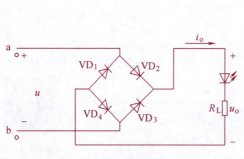
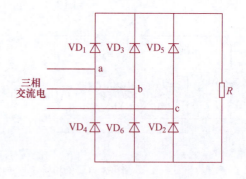

图 3-35　单相桥式整流电路　　　　图 3-36　三相桥式不可控整流电路

三相桥式整流电路工作时，共阴极的 3 个二极管中，阳极交流电压最高的那个二极管优先导通，而另外两个二极管因承受反压处于关断状态；同理，共阳极的 3 个二极管中，阴极交流电压最低的那个二极管优先导通，而另外两个二极管因承受反压处于关断状态。即在电路工作过程中，共阴极组和共阳极组中各有 1 个二极管处于导通状态，其工作波形如图 3-37 所示。

在图示波形 I 段中，a 相电压最高，而 b 相负值电压最低，因此 VD_1、VD_6 导通，$u_d = u_a - u_b = u_{ab}$。在 ωt_1 时刻，由于 u_c 比 u_b 更低，所以共阳极组 VD_2 导通，VD_6 承受反压而关断，此时 $u_d = u_a - u_c = u_{ac}$；在 ωt_2 时刻后，由于 $u_b > u_a$，所以共阴极组 VD_3 导通，VD_1 承受反压而关断，此时 $u_d = u_b - u_c = u_{bc}$。以此类推，输出电压 u_d 为线电压中最大的 1 个，其波

形为线电压 u_{21} 的包络线。输出电压 u_d 一个周期内脉动 6 次，每次脉动的波形都相同，因此三相桥式整流电路也称为六脉波整流电路，该整流电路的输出电压波形比单相桥式整流电路的输出电压波形更为平滑，因而更容易滤波。

在单相桥式整流电路中，每个二极管承受流电源的相电压幅值，而在三相桥式整流电路中，每个二极管要承受交流电源线电压的幅值，因此三相桥式整流电路中的二极管需要选用更高的耐压值。

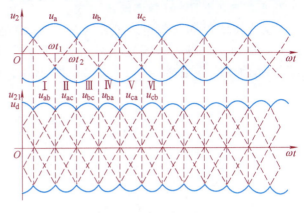

图 3-37　负载电压波形

问题引导 2：什么是 PWM 整流电路？

PWM 整流电路由全控性功率开关器件构成，采用脉冲宽度调制（Pulse Width Modulatiom，PWM）控制方式。PWM 整流电路也不是传统意义上的 AC/DC 变换电路，而是一种能够实现电能双向变换的电路。当 PWM 整流电路从电网接收电能时，工作于整流状态；当 PWM 整流电路向电网反馈电能时，则工作于有源逆变状态。根据不同的分类，PWM 整流电路有不同的类型，按电路的拓扑结构和外特性，PWM 整流电路可分为电压型和电流型，两者的区别在于直流侧滤波形式的不同，电压型整流电路采用大电容，电流型整流电路则采用大电感。电压型 PWM 整流电路应用更为广泛。

1. 单相电压型 PWM 整流电路

单相电压型 PWM 整流电路最初应用于电力机车交流传动系统中，为牵引变流器提供直流电源。单相电压型 PWM 整流电路如图 3-38 所示，每个桥臂由 1 个全控器件和反并联的整流二极管组成，L_N 为交流侧附加的电抗器，起平衡电压、支撑无功功率和储存能量的作用，u_N 是正弦波电网电压，U_d 是整流电路的直流侧输出电压；u_s 是交流侧输入电压，u_s 是 PWM 控制方式下的脉冲波，其基波与电网电压同频率，幅值和相位可控；i_N 是 PWM 整流器从电网吸收的电流，电网可以通过整流二极管 $VD_1 \sim VD_4$ 完成能量从交流侧向直流侧的传递，也可以经全控器件

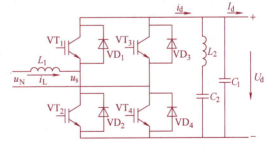

图 3-38　单相电压型 PWM 整流电路

$VT_1 \sim VT_4$ 从直流侧逆变为交流，反馈给电网，所以 PWM 整流器的能量变换是双向的，而能量的传递趋势是整流还是逆变，主要取决于 $VT_1 \sim VT_4$ 的脉宽调制方式。

图 3-38 中的串联型滤波器的谐振频率是基波频率的 2 倍，从而可以短路交流侧的偶次谐波。

2. 三相电压型 PWM 整流电路

三相电压型 PWM 整流电路如图 3-39 所示。这是最基本的 PWM 整流电路，应用也最广泛。u_a、u_b、u_c 为交流侧电源电压，i_a、i_b、i_c 为交流侧电源电流，L 为电抗器即电路的电感，C 为直流侧滤波电容。

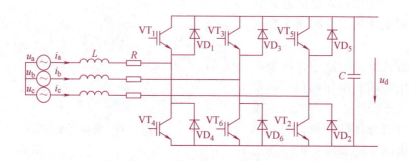

图 3-39 三相电压型 PWM 整流电路

三相电压型 PWM 整流电路具有更快的响应速度和更好的输入电流波形，稳态工作时，输出电流电压不变，开关器件按正弦规律脉宽调制，整流器交流侧的输出电压与逆变器相同，忽略整流电路输出交流电压的谐波，变换器可以看作是可控正弦三相电压源，它和正弦的电源高电压共同作用于输入电感，产生正弦电流波形，适当控制整流电路输出电压的间隔值和相位，就可以获得所需大小和相位的输入电流。

三相电流型 PWM 整流电路如图 3-40 所示。L_d 为整流侧大电感，用于稳定输出电流，使输出特性为电流源特性，利用正弦调制方式控制直流电流在各开关器件上的分配，使交流电流波形接近正弦波，且和电源电压同相位，交流侧电容的作用时滤除与开关频率相关的高次谐波。

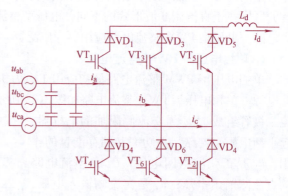

图 3-40 三相电流型 PWM 整流电路

电流型整流电路的优点有：

① 由于输出电感的作用，短路时电流的上升速度受到限制。

② 开关器件直接对直流电流进行脉宽调制，所以输入电流控制简单，控制速度快。

但有以下缺点：

① 直流侧电感的体积、质量和功耗较大。

② 常用的全控器件都是双向导通的，使主电路通态损耗较大。

PWM 整流电路改善了传统晶闸管相控整流电路中交流侧谐波电流较大、深度相控时功率因数较低的缺点。PWM 整流电路采用全控器件可以实现理想化的交直流变换，具有输出直流电压可调、交流侧电流波形为正弦、功率因数可调、可双向变换等优点。

车载充电机是整流电路在新能源汽车上的典型应用，其功能是将电网单相交流电变换为直流电给动力蓄电池充电。为了提高电路的功率因数，减小设备体积，达到比较理想的输出效果，一般是整流电路和其他结构的电路形式相结合，完成电能变换。车载充电机电路结构如图 3-41 所示。

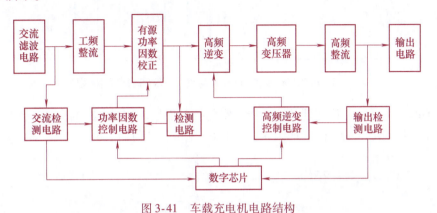

图 3-41　车载充电机电路结构

学习任务 4　DC/DC 变换电路

学习目标：了解 DC/DC 变换电路的原理与应用。
能力目标：培养学生归纳和学习相关资料的能力。
素质目标：培养学生的创新意识。

知识准备

　　DC/DC 变换电路的功能是将直流（DC）电变为另一固定电压或可调电压的直流（DC）电，包括直接直流变换电路和间接直流变换电路。直接直流变换电路也称为斩波电路，它的功能是将直流电变为另一固定电压或可调电压的直流电，这种情况下输入与输出之间不隔离。间接直流变换电路是在直流变换电路中增加了交流环节，在交流环节中通常采用变压器实现输入输出间的隔离，因此也称为带隔离的 DC/DC 变换电路。

问题引导 1：直流斩波电路的工作原理和控制方式是怎样的？

1. 斩波电路工作原理

　　工程上，一般将以开关管按一定控制规律调制且无变压器隔离的 DC/DC 变换器称为直流斩波器。直流斩波电路主要工作方式是脉宽调制（PWM）工作方式，基本原理是通过开关管把直流电斩成方波（脉冲波），通过调节方波的占空比（脉冲宽度与脉冲周期之比）来改变电压。

　　如图 3-42 所示输入电压 U_i 通过开关与负载串联，当开关闭合时，输出电压等于输入电压，$U_o = U_i$；而当开关断开时，输出电压等于零，$U_o = 0$。得到基本电压变换电路的输出电压波形。

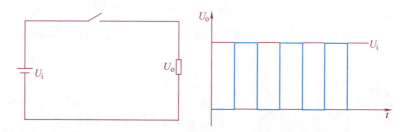

图 3-42　输入电压 U_i 通过开关与负载串联和输出电压波形

用可控的功率开关管代替开关,输入一定的控制信号,控制电路的交替通断,获得可调的输出电压,达到降压的目的。如图 3-43 所示是基本斩波与输出电路波形。

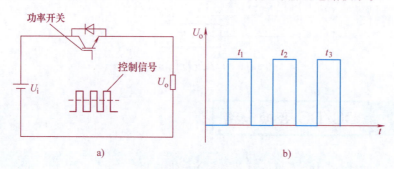

图 3-43　基本斩波与输出电路波形
a) 基本斩波　b) 输出电路波形

$$U_o(\text{VC}) = \frac{t_1 + t_2 + t_3}{t} U_i \ (U_o \leqslant U_i) \tag{3-21}$$

由式（3-21）可知,在周期 t 不变的情况下,改变导通时间就可以改变 U_o 的大小。将功率开关的导通时间与开关周期之比定义为占空比（Dutyration）,用 D 表示,则

$$D = \frac{t_1 + t_2 + t_3}{t} \tag{3-22}$$

由于占空比 D 小于等于 1,所以输出电压 U_o 小于或等于输入电压 U_i。因此改变 D 值就可以改变输出电压平均值的大小。而占空比的改变可以通过改变导通时间或周期来实现。

2. 斩波电路控制信号

（1）脉冲宽度调制（PWM）(图3-44a)　即维持方波周期 T 不变,改变导通时间 t_{on}。在这种控制方式中,输出电压波形的周期或频率是不变的,因此输出谐波的频率也是不变的,这使得滤波器的设计变得较为容易,并得到普遍应用。

（2）脉冲频率调制（PFM）(图3-44b)　即维持 t_{on} 不变,改变 T。在这种控制方式中,由于输出电压波形的周期或频率是变化的,因此输出谐波的频率也是变化的,这使得滤波器的设计比较困难,输出波形谐波干扰严重,一般很少采用。

（3）调频调宽混合控制　这种控制方式不但要改变 t_{on} 也要改变 T_S,其特点是：可以大幅提高输出范围,但由于频率是变化的,也存在着设计滤波器较难的问题。

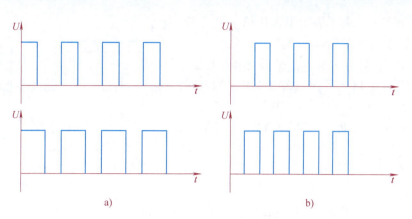

图 3-44 脉冲宽度调制（PWM）和脉冲频率调制（PFM）
a）脉冲宽度调制（PWM） b）脉冲频率调制（PFM）

问题引导2： 什么是降压斩波电路？

1. 降压电路结构（图 3-45）

1）为抑制输出电压脉动，在基本原理电路中加入滤波电容 C。
2）为限制开关管 VT 导通时的电流应力，将缓冲电感串入开关管 VT 的支路中。
3）为了避免开关管 VT 关断时缓冲电感中电流的突变，加入续流二极管 VD。

2. 降压原理

直流斩波电路是使用广泛的直流变换电路。开关管 VT 把输入的 U_i 斩成方波输出到 R 上，如图 3-46 所示为斩波后的输出波形，方波的周期为 T，在 VT 导通时输出电压等于 U_i，导通时间为 t_{on}，在 VD 关断时输出电压等于 0，关断时间为 t_{off}，占空比 $D = t_{on}/T$，方波电压的平均值与占空比成正比。

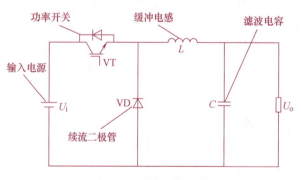

图 3-45 直流降压电路组成

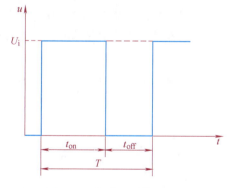

图 3-46 斩波后的输出波形

如图 3-47 所示方波为连续输出波形，其平均电压如图折线所示。改变脉冲宽度即可改变输出电压，在时间 t_1 前脉冲较宽、间隔较窄，平均电压（U_{o1}）较高；在时间 t_1 后脉冲变窄，平均电压（U_{o2}）降低。固定方波周期 T 不变，改变占空比调节输出电压就是 PWM 法，也称为定频调宽法。由于输出电压比输入电压低，称之为降压斩波电路或 Buck 变换器。

方波脉冲不能算直流电源，实际使用时要加上滤波电路，如图 3-48 所示是加有 LC 滤波的电路，L 是滤波电感、C 是滤波电容、VD 是续流二极管。当 VT 导通时，L 与 C 储能，向负载输电；当 VT 关断时，C 向负载输电，L 通过 VD 向负载输电。输出方波选用的频率较高，一般是数千赫兹至几十千赫兹，故电感体积很小，输出波纹也不大。电路输出电压 $U_o = DU_i$（D 是占空比，值为 $0 \sim 1$）。

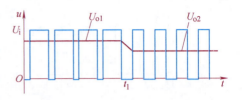

图 3-47 连续输出波形和平均电压

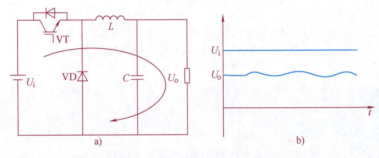

图 3-48 加有 LC 滤波的电路与波形
a) 电路 b) 波形

问题引导 3：什么是升压斩波电路？

1. 升压电路结构

Boost 型升压变换器称为并联开关变换器，由功率开关、二极管、储能电感、输出滤波电容等组成，如图 3-49 所示。

2. 升压原理

通过电感元件还可组成升压斩波电路，如图 3-50 所示，当开关管 VT 导通时，电流通过电感 L 时会在 L 中存储能量，此时负载上的电压由 C 提供，当开关管 VT 关断时，电感 L 释放能量，输出电压为输入电压 U_i 与 L 产生的电压相加，故提高了输入电压。该电路称为升压斩波电路或 Boost 变换器，输出电压 $U_o = U_i/(1-D)$，D 是占空比，值必须小于 1。

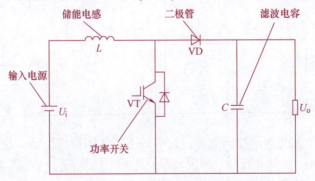

图 3-49 直流升压电路组成

综上总结如下：

1) 晶闸管断开时：$U_o = U_i + U_L$；$U_C = U_i + U_L$（电源和电感给负载供电并给电容充电）。
2) 晶闸管闭合时：$U_o = U_C$；$U_L = U_i$（电源给电感充电，电容给负载供电）。
3) 如图 3-50 所示，假设控制信号为 PWM 波，占空比为 D，则 $U_o = \dfrac{U_i}{1-D}$（$0 \leq D \leq 1$）。

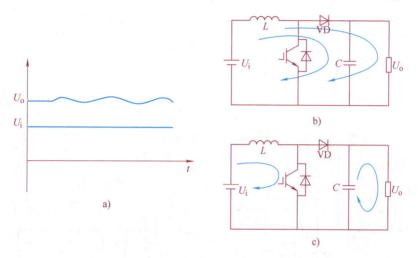

图 3-50　升压电路晶闸管断开和闭合时的输出波形
a) 升压电路输出波形　b) 晶闸管断开　c) 晶闸管闭合

问题引导 4： 什么是升降压斩波电路？

1. 升降压斩波电路结构

Boost 型升降压变换器的特点是输出电压可以低于电源电压，也可以高于电源电压，是将降压斩波和升压斩波电路结合的一种直接变换电路。主要由功率开关、二极管、储能电感、输出滤波电容等组成。

2. 升降压斩波电路工作原理

开关 VT 导通时（图 3-51b）电流（$I_{VT} = I_L$）由电源 U_i 流经 VT 和 L，电流上升，电感 L 储能。如果电感电流是连续的，则电流从 VT 导通时的 I_{01} 上升（图 3-52），如果电流是断续的，电感电流则从 0 上升（图 3-53），终止电流 I_{02} 同式 (3-23)。开关 VT 导通时，二极管 VD 受反向电压关断，负载 R 由电容 C 提供电流。开关关断时（图 3-51c）电感电流 I_L 从 VT 关断时的 I_{02} 下降，并经 C、R 的并联电路和二极管 VD 流通，电感 L 释放储能，电容储能。电感电流 i_L 能否连续，取决于电感的储能，如果在开关 VT 导通时，电感储能不足，I_{02} 不够大，不能延续到下次 VT 导通，电感电流就断续（图 3-53）；如果电感和电容的储能足够大，或者尽管电感储能不足，但是电容储能足够大，则负载电流 I_D 是连续的（图 3-52）。

在电路稳态时，如果电感储能足够大，负载电压不变，VT 导通时 $u_L = U_i$，i_L 的终止电流 I_{02} 为

$$I_{02} = I_{01} + \dfrac{U_i}{L}\alpha T \tag{3-23}$$

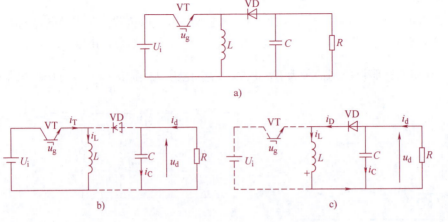

图 3-51 直流升降压斩波电路和工作状态

a) 直流升降压斩波电路　b) VT 导通　c) VT 关断

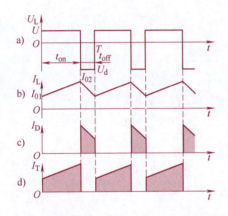
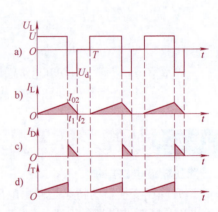

图 3-52 升降压斩波电路的工作状态和
波形（电感、电流连续）

图 3-53 升降压斩波电路的工作状态
和波形（电感、电流断续）

占空比 $\alpha = \dfrac{T_{on}}{T}$。

在 VT 关断时，$u_L = U_d$，i_L 的终止电流 I_{01} 为

$$I_{01} = I_{02} - \dfrac{U_d}{L}(1-\alpha)T \tag{3-24}$$

将式（3-24）代入（3-23），可得

$$U_d = \dfrac{\alpha}{1-\alpha} U_i \tag{3-25}$$

从式（3-25）可知，当 $0 \leq \alpha \leq 0.5$ 时，$U_d \leq U_i$；当 $0.5 < \alpha < 1$ 时，$U_d > U_i$，因此调节占空比 α，电路既可以降压也可以升压。

问题引导 5： DC/DC 变换电路有哪些应用？

直流驱动电机的功率小于 5kW 的纯电动汽车，如观光车（图 3-54）、巡逻车、清扫车等，动力蓄电池组直接通过 DC/DC 变换器为小型电动车辆的直流驱动电机提供直流电流。

纯电动汽车、"电-电"耦合电力汽车（自行发电电动汽车、燃料电池汽车），在能量混合型电力系统中，采用升压型 DC/DC 变换器，在功率混合型电力系统中，采用双向升降压型 DC/DC 变换器，或全桥型 DC/DC 变换器。车辆在滑行或下坡制动时，驱动电机发电运行产生的电能也通过双向升降压型 DC/DC 变换器向储能电源充电。

图 3-54 观光车

电动汽车上的动力蓄电池组向附属设备及低压蓄电池充电时，采用隔离式降压型 DC/DC 变换器。

学习任务 5　DC/AC 变换电路

学习目标：了解 DC/AC 变换电路的原理与应用。
能力目标：培养学生归纳和学习相关资料的能力。
素质目标：培养学生的创新意识。

知识准备

DC/AC 变换器又称为逆变器（图 3-55），是应用电力电子器件将直流（DC）电转换成交流（AC）电的一种变流装置，供交流负载用电或向交流电网并网发电，随着石油煤炭和天然气等传统能源的日益减少，新能源的开发和利用越来越受到重视，逆变器有了更广泛的应用。逆变技术可以将蓄电池、太阳能电池和燃料电池等通过新能源技术获得的电能变换成交流电以满足对电能的需求，因此逆变技术对于新能源的开发和利用起着重要的作用。

问题引导 1： 什么是逆变？

把直流电变成交流电称为逆变。当交流侧接在电网上，即交流侧接有电源时称为有源逆变；当交流侧直接和负载连接时称为无源逆变。逆变电路的应用非常广泛，在已有的各种电源中，蓄电池、干电池、太阳能电池等都是直流电源，当需要这些电源向交流负载供电时，就需要逆变电路。交流电动机调速用变频器、不间断电源、感应加热电源等电力电子装置使用非常广泛，其电路的核心部分都是逆变电路。它的基本作用是在电路的控制下将中间直流电路输出的直流电源转换为频率和电压都任意可调的交流电源。

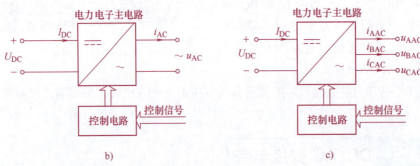

图 3-55 逆变器与逆变器框图
a) 逆变器 b) 单相逆变器框图 c) 三相逆变器框图

问题引导 2： 逆变电路的原理是怎样的？

以图 3-56a 的单向桥式逆变器主电路（逆变电路）为例说明逆变原理。图中 $S_1 \sim S_4$ 是单相桥式电路 4 个臂上的开关，并假设 $S_1 \sim S_4$ 均为理想开关。当 S_1、S_4 闭合，S_2、S_3 断开时，负载电压 u_o 为正；当 S_1、S_4 断开，S_2、S_3 闭合时，u_o 为负，其波形如图 3-56b 所示。这样就把直流电变成了交流电。改变两组开关切换频率，就可改变输出交流电频率。这是逆变的最基本原理。电阻负载时，负载电流 i_o 和 u_o 的波形相同，相位也相同。阻感负载时，i_o 的基波相位滞后于 u_o 的基波，两者波形也不同，图 3-56b 给出的就是阻感负载时的 i_o 波形。如果 $S_1 \sim S_4$ 由实际的电力电子开关器件所组成，且辅助元件（R、L、C）也是非理想的，则逆变过程要复杂很多。

问题引导 3： 逆变电路的换相方式是怎样的？

电路在工作过程中，电流从一个电流路径转移到另一个电流路径的过程称为换相。换相也常称为换流，在换相过程中，有的电流路径要从通态转移到断态，有的电流路径要从断态转移到通态。从断态向通态转移时，无论支路是由全控型还是半控型电力电子器件组成，只要给门极适当的驱动信号，就可以使其开通。但从通态向断态转移的情况不同，全控型器件可以通过对门极的控制使其关断，而对于半控型器件来说，就不能通过对门极的控制使其关断，必须利用外部条件或采取其他措施。一般来说，换相方式可分为以下几种：

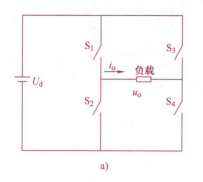 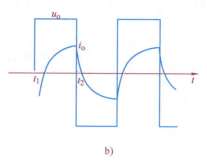

图 3-56 单向桥式逆变器主电路与波形图
a）主电路 b）波形图

逆变电路的测量

1. 器件换相

利用全控型器件的自关断能力进行换相的称为器件换相（Device Commutation）。在采用 IGBT、IEGT、P-MOSFET、IGCT 等全控型器件的电路中，其换相方式即为器件换相。

2. 电网换相

由电网提供换相电压的称为电网换相（Load Commutation）。对于可控整流电路，无论其工作在整流状态还是有源逆变状态，都是借助于电网电压实现换相的，都属于电网换相。三相交流调压器和采用相控方式的 DC/AC 变换电路中的换相方式也都是电网换相。在换相时，只要把负的电网电压施加在欲关断的晶闸管上即可使其关断，这种换相方式不需要器件具有门极关断能力，也不需要为换相附加任何元件，但是不适用于没有交流电网的无源逆变电路。

3. 负载换相

由负载提供换相电压的称为负载换相（Load Commutation）。凡是负载电流的相位超前于负载电压的场合，都可以实现负载换相。当负载为电容性负载时，即可实现负载换相。另外，当负载为同步电动机时，由于可以控制励磁电流使负载呈现为容性，因而也可以实现负载换相。

如图 3-57a 所示为采用负载换相方式的并联谐振式逆变电路，负载为阻感，串联后和电容并联，工作于接近并联谐振状态，略呈电容性。直流侧串入大电感，使直流输出电流平直，负载电流呈矩形波。

如图 3-57b 所示，设在 t_1 时刻前 VTH_1、VTH_4 为通态，VTH_2、VTH_3 为断态，u_o、i_o 均为正。在 t_1 时刻触发 VTH_2、VTH_3 使其开通，负载电压 u_o 通过 VTH_2、VTH_3 分别反向加在 VTH_1、VTH_4 上，使其关断，负载电流就从 VTH_1、VTH_4 分别转移到 VTH_2、VTH_3 上，实现换相。从 VTH_2、VTH_3 向 VTH_1、VTH_4 换相的过程和上述情况类似。

4. 强迫换相

强迫换相需要设置附加的换相电路，给欲关断的晶闸管强迫施加反向电压或反向电流的换相方式称为强迫换相（Forced Commutation）。强迫换相可使输出频率不受电源频率的限制，但需附加换相电路，同时还要增加晶闸管的电压、电流定额，对晶闸管的动态特性要求也高。

如图 3-58 所示，由电容器直接提供换相电压的方式为直接耦合式强迫换相，预先给电容充上如图 3-58 所示极性的电压，如果合上开关 S，晶闸管就被施以反向电压而关断。

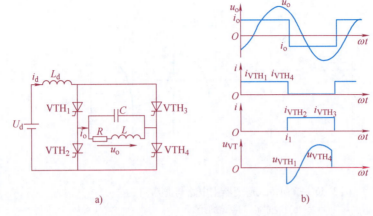

图 3-57 采用负载换流方式的并联谐振式逆变电路及其工作波形
a) 并联谐振式逆变电路 b) 工作波形

如图 3-59 所示，通过换相电路内的电容和电感的耦合来提供换相电流或换相电压的方式，称为电感耦合式强迫换相。预先给电容充上如图 3-59 所示极性的电压，合上开关 S，LC 振荡电流将反向流过晶闸管 VTH，使 VTH 的原工作电流不断下降，直到 VTH 的电流减小到零后，负载电流全由电容 C 提供，VTH 被施以反向电压而关断。

图 3-58 直接耦合式强迫换相   图 3-59 电感耦合式强迫换相

上述四种换相方式中，器件换相只适用于全控型器件，其余 3 种方式主要是针对晶闸管而言的。器件换相和强迫换相都是因为器件或变换器自身的原因而实现换相的，二者都属于自换相；电网换相和负载换相不是依靠变换器自身因素，而是借助外部手段（电网电压或负载电压）来实现换相的，它们属于外部换相。采用自换相方式的逆变电路称为自换相逆变电路，采用外部换相方式的逆变电路称为外部换相逆变电路。

在晶闸管时代，换相技术十分重要，但是，到了全控型器件时代，换相技术就不重要了。当今，强迫换相方式已停止应用，仅负载换相方式还有一定应用，如负载为同步电动机时，通过控制励磁电流使负载呈现容性时，可以实现负载换相。

问题引导 4： 逆变器有哪些种类？

为了满足不同用电设备对交流电源性能参数的不同要求，发展了多种逆变电路，并大致可按以下方式分类。

1) 按输出电能的去向分可分为有源逆变电路和无源逆变电路。前者输出的电能返回公共交流电网，后者输出的电能直接输向用电设备。

2）按电流波形分可分为正弦逆变电路和非正弦逆变电路。前者开关器件中的电流为正弦波，开关损耗较小，宜用于较高频率。后者开关器件电流为非正弦波，其开关损耗较大，故工作频率较正弦逆变电路低。

3）按输出相数可分为单相逆变电路和三相逆变电路。

4）按直流电源性质可分为由电压型直流电源供电的电压型逆变电路和由电流型直流电源供电的电流型逆变电路。

1. 电压型逆变电路

（1）电压型逆变电路的特点

1）直流侧为电压源或并联大电容，直流侧电压基本无脉动。

2）输出电压为矩形波，输出电流因负载阻抗不同而不同。

3）阻感负载时需提供无功功率。为了给交流侧向直流侧反馈的无功能量提供通道，逆变桥各臂并联反馈二极管。

（2）电压型逆变电路的分类　电压型逆变电路分为单相电压型逆变电路和三相电压型逆变电路。单相电压型逆变电路分为半桥逆变电路、全桥逆变电路和带中心抽头变压器的逆变电路。三相电压型逆变电路应用最广泛的是三相桥式逆变电路。

1）半桥逆变电路，如图3-60所示。VT_1和VT_2栅极信号在一周期内各半周正偏、半周反偏，两者互补，输出电压u_o为矩形波，幅值$u_m = u_d/2$。

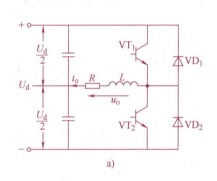
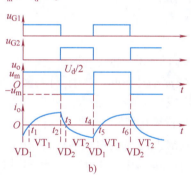

图3-60　半桥逆变电路及其波形

a）逆变电路　b）波形

VT_1或VT_2开通时，i_o和u_o同方向直流侧向负载提供能量；VD_1或VD_2通时，i_o和u_o反向，电感中储能向直流侧反馈。VD_1、VD_2称为反馈二极管，它又起着使负载电流连续的作用，又称蓄流二极管。

2）全桥逆变电路，如图3-61所示。其特点如下：

① 共四个桥臂，可看成两个半桥电路组合而成。

② 两对桥臂交替导通180°。

③ 输出电压和电流波形与半桥电路形状相同，幅值高出一倍。

④ 改变输出交流电压的有效值只能通过改变直流电压U_d来实现。

3）带中心抽头变压器的逆变电路，如图3-62所示。交替驱动两个IGBT，经变压器耦合给负载加上矩形波交流电压。两个二极管的作用也是提供无功能量的反馈通道。

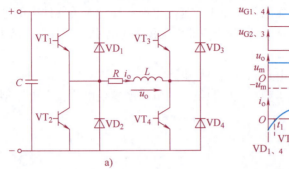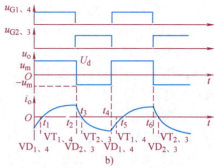

图 3-61 全桥逆变电路及其波形
a) 逆变电路 b) 波形

U_d 和负载参数相同，变压器匝比为 1∶1，幅值与全桥逆变器电路完全相同。

与全桥电路的比较：比全桥电路少用一半开关器件；器件承受的电压为 $2U_d$，比全桥电路高 1 倍；必须有 1 个变压器。

4) 三相电压型逆变电路，如图 3-63 所示。3 个单相逆变电路可组合成一个三相逆变电路。其基本工作方式如下：

① 每桥臂导电 180°，同一相上下两臂交替导电，各相开始导电的角度差 120°。

② 任一瞬间有 3 个桥臂同时导通。

③ 每次换流都是在同一相上下两臂之间进行，也称为纵向换流。

2. 电流型逆变电路

电源为电流源的逆变电路称为电流型逆变电路。电流型逆变电路中，采用半控型器件的电路仍应用较多。换流方式有负载换流、强迫换流。

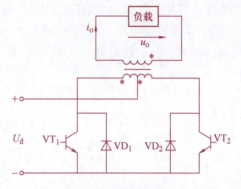

图 3-62 带中心抽头变压器的逆变电路

电流型逆变电路可分为单相电流型逆变电路和三相电流型逆变电路。

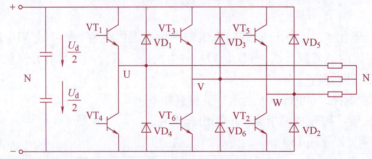

图 3-63 三相电压型逆变电路

电流型逆变电路主要特点：
1) 直流侧串大电感，电流基本无脉动，相当于电流源。

2）交流输出电流为矩形波，与负载阻抗角无关。输出电压波形和相位因负载不同而不同。

3）直流侧电感起缓冲无功能量的作用，不必给开关器件反并联二极管。

（1）单相电流型逆变电路（图3-64）

1）电路原理。

① 由4个桥臂构成，每个桥臂的晶闸管各串联1个电抗器，用来限制晶闸管开通时的 di/dt。

② 工作方式为负载换相。

③ 电容 C 和电感 L、电阻 R 构成并联谐振电路。

④ 输出电流波形接近矩形波，含基波和奇次谐波，且奇次谐波幅值远小于基波。

2）工作方式。

① 实际工作过程中，感应线圈参数随时间变化，必须使工作频率适应负载的变化而自动调整，这种控制方式称为自励方式。

② 固定工作频率的控制方式称为他励方式。

③ 自励方式存在起动问题，先用他励方式系统开始工作后再转入自励方式或附加预充电起动电路可解决此问题。

（2）三相电流型逆变电路（图3-65） 其电路原理为：三相电流型逆变电路的基本导电方式是120°导通、横向换流方式，任意瞬间只有两个桥臂导通。

导通顺序为 $VT_1 \rightarrow VT_2 \rightarrow VT_3 \rightarrow VT_4 \rightarrow VT_5 \rightarrow VT_6$，依次间隔60°，每个桥臂导通120°，这样每个时刻上、下桥臂组中各有一个臂导通。

其输出电流波形与负载性质无关。输出电压波形由负载的性质决定。

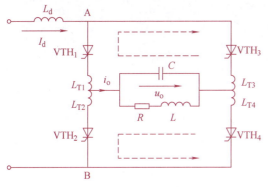
图3-64 单相电流型逆变电路

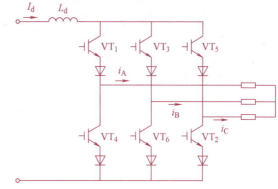
图3-65 三相电流型逆变电路

练习题

一、选择题

1. （　　）是新能源汽车的调速和转向等动力控制系统的关键技术。
A. 功率变换技术　　　　　　　　B. 新型材料技术
C. 汽车智能技术　　　　　　　　D. 汽车网联技术

2. （　　）是将交流电变换成直流电的电路。
   A. AC/AC 变换电路　　　　　　　　B. AC/DC 变换电路
   C. DC/DC 变换电路　　　　　　　　D. DC/AC 变换电路
3. （　　）又称为逆变器，是应用电力电子器件将直流电转换成交流电的一种变流装置。
   A. AC/AC 变换器　　　　　　　　　B. AC/DC 变换器
   C. DC/DC 变换器　　　　　　　　　D. DC/AC 变换器
4. 交流电机调速用变频器、不间断电源、感应加热电源等电力电子装置电路的核心部分都是（　　）。
   A. 整流电路　　B. 逆变电路　　C. 斩波电路　　D. 交流电路

二、判断题
1. 新能源汽车的充电及低压设备的供电是通过相应的功率变换技术完成的。（　　）
2. 从新能源汽车的应用上看，MOSFET、IGBT 具有较好的应用前景。（　　）
3. 半波整流电路是电源电路中一种最简单的整流电路。（　　）
4. 最常用的全波整流电路是桥式整流电路。（　　）
5. 车载充电机是整流电路在新能源汽车上的典型应用，其功能是将电网单相交流电变换为直流电给动力蓄电池充电。（　　）
6. 逆变电路按输出电能的去向分可分为有源逆变电路和无源逆变电路。（　　）
7. 逆变电路按电流波形分可分为单相逆变电路和三相逆变电路。（　　）
8. 逆变电路按按输出相数可分为正弦逆变电路和非正弦逆变电路。（　　）

学习情境四

直流电动机

```
                    直流电动机
    ┌───────────┬───────────┼───────────┬───────────┐
直流电动机    直流电动机    直流电动机    直流电动机的
的基本结构    的工作原理    的控制技术    特点及应用
```

学习任务1　直流电动机的基本结构

学习目标：了解直流电动机的基本结构。
能力目标：培养学生归纳和学习相关资料的能力；掌握1+X技能标准中"2-1 新能源汽车动力　驱动电机、蓄电池技术模块"。
素质目标：培养学生的工匠精神。

知识准备

直流电动机是指通入直流电而产生机械运动的电动机。按励磁方式的不同，直流电动机分为励磁绕组式电动机和永磁式电动机，前者的励磁磁场是可控的，后者的励磁磁场是不可控的。由于控制方式简单，控制技术成熟，直流电动机曾广泛应用于早期电动汽车驱动系统。

直流电动机由静止的定子（励磁）和旋转的转子（电枢）两部分组成。定子和转子之间的间隙称为气隙。直流电动机结构如图4-1所示。

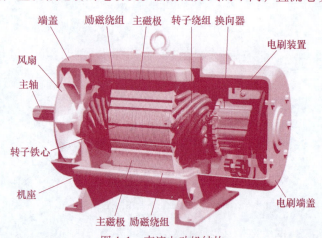

图4-1　直流电动机结构

问题引导1：什么是直流电动机的定子？它的作用是什么？

直流无刷电机

直流电动机的定子是电动机静止不动的部分。定子的主要作用是产生气隙磁场，由主磁极、换向极、机座和电刷装置组成。

1. 主磁极

主磁极的作用是建立主磁场。主磁极由主磁极铁心和套装在铁心上的励磁绕组构成，结构如图4-2所示。主磁极铁心靠近转子一端扩大的部分称为极靴，它的作用是使气隙磁阻减小，改善主磁极磁场分布，并使励磁绕组容易固定。为了减少转子转动时由于齿槽移动引起的损耗，主磁极铁心采用1~1.5mm的低碳钢板冲压成一定形状叠装固定而成。主磁极上装有励磁绕组，整个主磁极用螺杆固定在机座上。主磁极的个数一定是偶数，励磁绕组的连接必须使得相邻主磁极的极性按N、S极交替出现。

2. 机座

机座一般用铸钢铸成或用厚钢板焊接而成，机座有两个作用：一个是用来固定主磁极、换向极和电动机端盖；另一个作用是作为磁场的通路，固定的导磁部分称为磁轭。机座需要

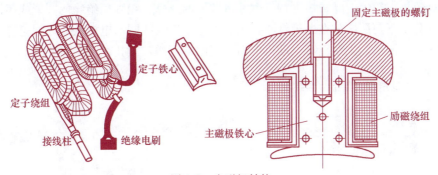

图 4-2 主磁极结构

具有良好的导磁性能、足够的机械强度和刚度。

3. 换向极

换向极是安装在两相邻主磁极之间的一个小磁极，它的作用是改善直流电动机的换向情况，使直流电动机运行时不产生有害的火花。换向极结构和主磁极类似，由换向极铁心和套在铁心上的换向极绕组构成，并用螺杆固定在机座上，如图 4-3 所示。换向极的个数一般与主磁极的极数相等，在功率很小的直流电动机中，也有不装换向极的。换向极绕组在使用中是和电枢绕组相串联的，要流过较大的电流，因此和主磁极的串励绕组一样，导线有较大的截面积。

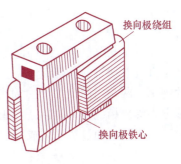

图 4-3 换向极结构

4. 端盖

端盖装在基座两端并通过端盖中的轴承支撑转子，将定子连为一体，同时端盖对直流电动机内部还起防护作用。

5. 电刷装置

电刷装置的作用是把直流电压、直流电流引入或引出。电刷的数目一般等于主磁极的数目。电刷装置由电刷、电刷盒、刷瓣和压簧等部分组成，图 4-2 中的电刷是由石墨或金属石墨组成的导电块，放在电刷盒内用弹簧以一定的压力按压在换向器的表面，旋转时与换向器表面形成滑动接触。

问题引导 2： 什么是直流电动机的转子？它的作用是什么？

转子是直流电动机的转动部分，又称为电枢。转子部分包括电枢铁心、电枢绕组、换向器、转轴、轴承以及风扇等，如图 4-4 所示。

1. 电枢铁心

电枢铁心既是主磁路的组成部分，又是电枢绕组的支撑部分；电枢绕组嵌放在电枢铁心的槽内。为减少电枢铁心内的涡流耗损，铁心一般用厚 0.5mm 且冲有齿、槽的型号为 DR530 或 DR510 的硅钢片叠压夹紧而成，如图 4-5 所示。小型直流电动机的电枢铁心冲片直接压装在轴上，大型直流电动机的电枢铁心冲片先压装在转子支架上，然后将支架固定在轴上。为改善通风，冲片可沿轴向分成几段，以构成径向通风道。

2. 电枢绕组

电枢绕组由一定数目的电枢线圈按一定的规律连接组成，它是直流电动机的电路部分，也是感生电动势、产生电磁转矩进行机电能量转换的部分。线圈用绝缘的圆形或矩形截面的导线绕成，分上下两层嵌放在电枢铁心槽内，上下层以及线圈与电枢铁心之间绝缘并用槽楔压紧，如图4-6所示。大型直流电动机电枢绕组的端部通常紧扎在绕组支架上。

图4-4 直流电动机的转动部分

图4-5 电枢铁心的结构

3. 换向器

在直流发电机中，换向器起整流作用；在直流电动机中，换向器起逆变作用，因此换向器是直流电动机的关键部件之一。换向器由许多鸽尾形的换向片排成一个圆筒，其间用云母片绝缘，两端用两个V形套筒夹紧而构成，如图4-7所示。每个电枢线圈首端和尾端的引线分别焊入相应换向片内。小型直流电动机常用塑料换向器，这种换向器用换向片排成圆筒，再用塑料通过热压制成。

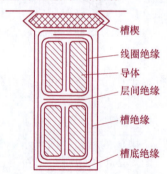

图4-6 电枢绕组导体在槽内的布置

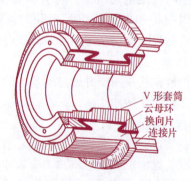

图4-7 换向器

学习任务2　直流电动机的工作原理

学习目标：了解直流电动机的工作原理。

能力目标：培养学生归纳和学习相关资料的能力；掌握1+X技能标准中"2-1新能源汽车动力　驱动电机、蓄电池技术模块"。

素质目标：培养学生的工匠精神。

知识准备

顾名思义，直流电动机就是将直流电能转换为机械能的电动机。

问题引导1： 什么是直流电动机的模型？

最简单的直流电动机模型如图 4-8 所示。在一对静止的磁极 N 和 S 之间，装设一个可以绕中心横轴转动的圆柱形铁心，在它上面装有矩形的线圈 abcd。这个转动的部分通常称为电枢。线圈的末端 a 和 d 分别接到换向片的两个半圆形铜环上。换向片之间彼此绝缘，它们和电枢装在同一根轴上，可随电枢一起转动。A 和 B 是两个固定不动的碳质电刷，它们和换向片之间滑动接触，来自直流电源的电流就是通过电刷和换向片流到电枢的线圈。

问题引导2： 直流电动机的工作原理是怎样的？

当电刷 A 和 B 分别连接直流电源的正负极时，电流从电刷 A 流入，从电刷 B 流出，通过线圈 abcd 形成回路；相应的，导线 ab 和 cd 在磁场的作用下会产生磁力，其方向由左手定则来决定。当电枢在图 4-9a 所示的位置时，线圈的电流方向是 a→b→c→d，ab 边的电流从 a 流向 b，用 ⊕ 表示，cd 边的电流从 c 流向 d，用 ⊙ 表示。根据左手定则可以判断，ab 受力的方向是从右向左，cd 受力的方向是从左向右，在电枢上就产生了逆时针方向的转矩。

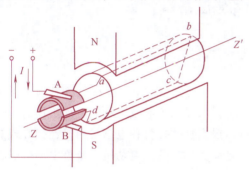

图 4-8　直流电动机模型

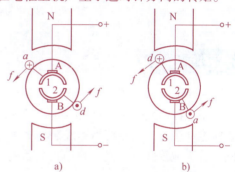

图 4-9　换向器在直流电动机中的作用

当电枢在图 4-9b 所示位置时，ab 边从 N 极转向 S 极，而 cd 边从 S 极转向 N 极时，与 a 连接的换向片 1 跟电刷 B 接触，与 d 连接的换向片 2 跟电刷 A 接触，这时线圈的电流方向是 d→c→b→a，保证了在同一位置上的导线电流方向不变，因此转矩的方向也不会改变，电枢将按照逆时针方向继续旋转。由此可以看出，换向片和电刷在直流电动机中起着改变电流方向的作用，使得 N 极和 S 极下的导体电流不变，产生单方向的电磁力与电磁转矩。

当电流流过电枢线圈时，载流导体在励磁场的作用下产生的电磁力 f 的表达式为

$$f = BIl \tag{4-1}$$

式中　B——磁感应强度（T）；
　　　l——ab、cd 有效长度（m）。

整个线圈的电磁转矩为

$$T = DBIl \tag{4-2}$$

式中　D——电枢直径（m）。

上述直流电动机模型只有一匝线圈，所受到的电磁力很小，转矩脉动较大。如果通过电枢线圈的电流大小不变，磁极磁通密度在垂直于导体运动方向的空间按正弦规律分布，电枢为匀速转动时，由电流和磁场相互作用产生的电磁转矩随时间变化，除了平均转矩外，还包

含着交变转矩。为了克服这些缺点，实际的电动机都是由很多匝线圈组成，并且按照一定的连接方法分布在整个电枢表面上，通常称为电枢绕组。随着线圈数目的增加，换向片的数目也相应地增多，有多个换向片组合起来的整体即为换向器。电枢与换向器电刷装置组合结构如图4-10所示。

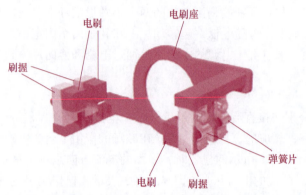

图4-10　电枢与换向器电刷装置组合结构

问题引导3： 直流电动机的励磁方式有哪些？

对直流电动机模型分析可知，直流电动机工作时，首先需要建立一个磁场，即由定子结构中的主磁极产生，主磁极可以是永磁体或励磁绕组。由永磁体形成磁场的电动机称为永磁式直流电动机；由励磁绕组形成磁场的直流电动机，根据励磁绕组和电枢绕组的连接方式的不同，分为他励式电动机、并励式电动机、串励式电动机和复励式电动机。直流电动机的励磁方式如图4-11所示。

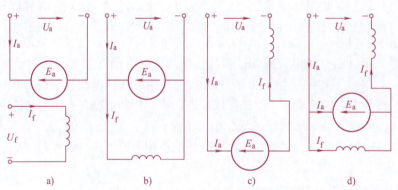

图4-11　直流电动机的励磁方式
a）他励式　b）并励式　c）串励式　d）复励式

1. 他励式电动机

他励式电动机的励磁绕组与电枢绕组的电源没有连接关系（图4-11a），而由其他直流电源对励磁绕组供电，因此励磁电流不受电枢端电压或电枢电流的影响。永磁直流电动机也可以看作是这一类。

他励式电动机在运行过程中励磁磁场稳定而且容易控制，易于实现车辆的再生制动要求。当采用永磁励磁时，虽然电动机效率高、质量和体积小，但由于励磁磁场恒定不变，电动机的机械特性不理想，难以满足车辆起动和加速时的大转矩要求。

2. 并励式电动机

并励式电动机的励磁绕组与电枢绕组并联（图4-11b），其特点是励磁电流 I_f 不仅与励磁回路电阻有关，还受电枢端电压 U 的影响。

3. 串励式电动机

励磁绕组和电枢绕组串联在同一电源上（图4-11c），通过的电流和电枢绕组的电流大小相等，电动机的磁场随着电枢电流的改变有显著的变化。为了使励磁绕组不产生较大的损耗，励磁绕组的电阻越小越好，所以串励式电动机通常用较粗的导线绕成匝数较少的绕组。

串励式电动机在低速运行时，能给车辆提供足够大的转矩；在高速运行时，电动机电枢绕组中的反电动势增大，与之串联的励磁绕组中的励磁电流减小，电动机高速运行时的弱磁调速功能易于实现，因此串励式电动机驱动系统能较好地满足新能源汽车的运行特性需求。但串励式电动机由低速到高速运行时弱磁调速特性不理想，随着行驶速度的提高，电动机输出转矩快速减小，不能满足车辆高速行驶时风阻大而需要较大输出转矩的要求。

4. 复励式电动机

复励式电动机的励磁绕组既有并联绕组，又有串联绕组，串励绕组和并励绕组共同接在主极上（图4-11d），并励匝数较多，串励匝数较少，所以具有串励和并励直流电动机的特点。若串、并励磁动势方向相同，则为积复励（常用），若串、并励磁动势方向相反，则为差复励。

> **问题引导4：** 直流电动机的铭牌数据有哪些？

凡表征电动机额定运行情况的各种数据称为额定值。额定值一般都标注在电动机的铭牌上，所以也称为铭牌数据，它是正确合理使用电动机的依据。

直流电动机的额定数据主要有以下几种。

1) 额定电压 U_N（V）。在额定情况下，电刷两端输出（发电机）或输入（电动机）的电压。

2) 额定电流 I_N（A）。在额定情况下，允许电动机长期流出或流入的电流。

3) 额定功率（额定容量）P_N（kW）。电动机在额定情况下允许输出的功率。

对于发电机，是指向负载输出的电功率，即 $P_N = U_N I_N$；对于电动机，是指电动机轴上输出的功率，即 $P_N = U_N I_N \eta_N$。

4) 额定转速 n_N（r/min）。在额定功率、额定电压、额定电流时电动机的转速。

5) 额定效率 η_N。输出功率与输入功率之比，称为电动机的额定效率，即

$$\eta_N = \frac{输出功率}{输入功率} \times 100\% = \frac{P_2}{P_1} \times 100\% \qquad (4-3)$$

电动机在实际运行时，由于负载的变化，往往不是总在额定状态下运行。电动机在接近额定的状态下运行才是较经济的。

学习任务3　直流电动机的控制技术

学习目标：了解直流电动机的控制技术。
能力目标：培养学生搜集和整理相关资料的能力；掌握1+X技能标准中"2-1新能源汽车动力　驱动电机、蓄电池技术模块"。
素质目标：培养学生的工匠精神。

知识准备

在使用直流电动机驱动的时候，如何对直流电动机进行控制呢？

问题引导1： 直流电动机机械特性参数有哪些？

1. 电枢电动势

电枢电动势是直流电动机在正常工作时，电枢绕组切割气隙磁场所产生的电动势。根据直流电动机的运行原理，可以推导出电枢电动势 E_a 为

$$E_a = \frac{pN}{60a}\Phi n = C_e \Phi n \tag{4-4}$$

式中　p——电动机磁极对数；
　　　N——电枢绕组总的导体数；
　　　a——电枢绕组的支路对数；
　　　Φ——电动机的每极磁通（Wb）；
　　　n——电动机的转速（r/min）；
　　　C_e——电动势常数。

2. 电磁转矩

电磁转矩是直流电动机的电枢绕组中流过电流时，载流导体在磁场中受力而产生的总转矩。根据直流电动机的运行原理，可以推导出电磁转矩 T 为

$$T = \frac{pN}{2\pi a}\Phi I_a = C_T \Phi I_a \tag{4-5}$$

式中　I_a——电枢电流（A）；
　　　C_T——转矩常数。

由式（4-5）可知，直流电动机的电磁转矩正比于电动机的每极磁通和电枢电流。

3. 直流电动机的机械特性教学方程式

根据式（4-4）和式（4-5）可得到直流电动机的机械特性教学方程式

$$n = \frac{U}{C_e \Phi} - \frac{R_a + R_c}{C_e C_T \Phi^2}T = n_0 - \beta T \tag{4-6}$$

式中　R_a——电枢绕组内电阻；

R_c——电枢外接电阻；

n_0——理想空载转速，$n_0 = U/C_e\Phi$；

β——机械特性斜率，$\beta = (R_a + R_c)/(C_e C_T \Phi^2)$。

由式（4-6）可知，改变参数 R_c、U、Φ 即可调节直流电动机的转速，相应的控制方式有串联电阻、调压和弱磁 3 种。

问题引导 2： 直流电动机是怎样起动的？如何对其进行反正控制？

1. 起动要求

直流电动机的转速从零增加到稳定运行速度的整个过程称为起动过程（或称起动）。要使电动机起动过程达到最优的要求，应考虑的问题包括：①起动电流 I_S 的大小；②起动转矩 T_S 的大小；③起动时间的长短；④起动过程是否平滑；⑤起动过程中的能量耗损和发热量的大小；⑥起动设备是否简单及可靠性如何。上述问题中，起动电流和起动转矩是主要的。直流电动机在起动过程中，要求起动电流不能很大、起动转矩要足够大，以缩短起动时间、提高生产率，特别是对起动频繁的系统这一点更为重要。

直流电动机在起动最初，起动电流 I_S 一般都较大，因为此时 $n = 0$、$E = 0$。如果电枢电压为额定电压 U_N，因 R_a 很小，则起动电流可达到额定电流的 10~20 倍。这样大的起动电流会使换向恶化，产生严重的火花；使与电枢电流成正比的电磁转矩过大，对生产机械产生过大的冲击力，因此起动时需限制起动电流的大小。为了限制起动电流，一般采用电枢回路串入电阻起动和降压起动。

同时，电动机要能起动，起动时的电磁转矩必须大于它的负载转矩。从式 $T_S = C_T \Phi_N I_S$ 来看，当起动电流降低时，起动转矩会下降，要使 T_S 足够大，励磁磁通就要尽量大。为此，在起动时需将励磁回路的调节电阻全部切除，使励磁电流尽量大，以保证磁通 Φ 为最大。

2. 起动的方法

（1）电枢回路串电阻分级起动　图 4-12a 所示为他励电动机的起动接线图。图中，KM1、KM2、KM3 为短接起动电阻 R_{S1}、R_{S2}、R_{S3} 的接触器；KM 为接通电枢电源的接触器。起动时先接通励磁电源，保证满励磁起动；接触器 KM 接通电枢电路的电源。起动开始瞬间的起动转矩 $T_{S1} > T_L$，否则不能起动。

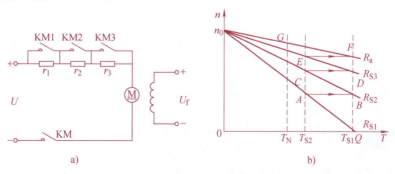

图 4-12　电枢回路串电阻起动

a) 起动接线图　b) 机械特性图

因起动过程中电枢回路串接电阻不同,它们的机械特性有两个特点:一是理想空载转速 n_0 与固有机械特性的相同,即电枢回路串入的电阻 R 改变时, n_0 不变;二是特性斜率 β 与电枢回路串入的电阻有关, R 增大, β 也增大。故电枢回路串联不同电阻时的机械特性是通过理想空载点的一簇放射形直线。起动过程的机械特性如图4-12b 所示。

当 $T_{S1} > T_L$ 时,电动机开始起动。工作点由起动点 Q 沿电枢总电阻为 R_{S1} 的人为特性上升,电枢电动势随之增大,电枢电流和电磁转矩随之减小。当转速升至 n_1 时,起动电流和起动转矩下降至 I_{S2} 和 T_{S2} (图中点 A),为了保持起动过程中电流和转矩有较大的值以加速起动过程,闭合 KM1,切除 r_1。此时的电流 I_{S2} 称为切换电流。当 r_1 被断开后,电枢回路总电阻变为 $R_{S2} = R_a + r_2 + r_3$。由于机械惯性,转速和电枢电动势不能突变,电枢电阻减小将使电枢电流和电磁转矩增大,电动机的机械特性由图中点 A 平移到点 B。再依次切除起动电阻 r_2、r_1,电动机的工作点就从点 B 转到点 D 和点 F,最后稳定运行在自然机械特性的 G 点,电动机的起动过程结束。

起动过程中,起动电阻上有能量耗损。这种起动方法广泛应用于中小型直流电动机。

(2) 降压起动 当他励直流电动机的电枢回路由专用的可调压直流电源供电时,可以采用降压起动的方法。降低电枢电压时的机械特性特点为:一是理想空载转速 n_0 与电枢电压 U 成正比,即 $n_0 \propto T$,且 U 为负时, n_0 也为负;二是特性斜率不变,与原有机械特性相同。因而改变电枢电压的人为机械特性是一组平行于固有机械特性的直线。降压起动过程的机械特性如图4-13 所示。

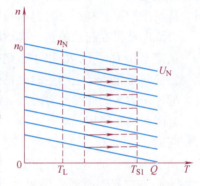

图4-13 降压起动的机械特性

在降压起动过程中,起动电流将随电枢电压降低的程度成正比地减小。起动前先调好励磁,然后把电源电压由低向高调节,当最低电压所对应的人为特性上的起动转矩 $T_{S1} > T_L$ 时,电动机就开始起动。起动后随着转速上升,可相应提高电压以获得需要的加速转矩。

降压起动过程中能量损耗很少,起动平滑,但需要专用电源设备,多用于要求经常起动的场合和大中型电动机的起动。

3. 直流电动机的反转

电力拖动系统工作过程中,经常需要改变电动机的转动方向,为此需要电动机反方向起动和运行,即需要改变电动机产生的电磁转矩的方向。由电磁转矩公式 $T = C_T \Phi I_a$ 可知,要改变电磁转矩的方向,只需改变励磁磁通方向或电枢电流方向即可。所以,改变直流电动机转向的方法有两个:

1) 保持电枢绕组两端极性不变,将励磁绕组反接。
2) 保持励磁绕组极性不变,将电枢绕组反接。

> **问题引导3:** 如何对直流电动机进行制动控制?

电动机的电磁转矩方向与旋转方向相反时,就称电动机处于制动状态。

电动机制动的方法有机械的和电磁的。由于电磁制动的制动转矩大,且制动强度比较容易控制,一般的电力拖动系统多采用这种方法,或者与机械制动配合使用。电动机的电磁制动分为能耗制动、反接制动和回馈制动3种。

1. 能耗制动

如图4-14所示,开关合向1的位置时,电动机为电动状态,电枢电流I、电磁转矩T、转速n及电动势E_a的方向如图4-14a所示。如果将开关从电源断开,迅速合上2的位置,电动机被切断电源并接到一个制动电阻R_2上,如图4-14b所示。在拖动系统机械惯性作用下,电动机继续旋转,转速n的方向来不及改变。由于励磁保持不变,因此电枢仍具有感应电动势E_a,其大小和方向与处于电动状态时相同。由于$U=0$,所以电枢电流为

$$I_a = \frac{U-E_a}{R} = -\frac{E_a}{R}$$

式中的负号说明电流与原来电动机运行状态的方向相反。这个电流称为制动电流。制动电流产生的转矩也和原来的方向相反,称为制动转矩,这个转矩使电动机很快减速以至停转。这种制动是把储存在系统中的动能变换成电能,并消耗在制动电阻中,故称为能耗制动。在能耗制动过程中,电动机转变为发电机运行。和正常发电机不同的是,它是依靠系统本身的动能发电。

2. 反接制动

反接制动分两种:电枢反接制动和倒拉反接制动。

(1) 电枢反接制动　图4-15所示为电枢反接制动的接线图。当电动机正转运行时,KM1闭合(KM2断开),电动势E_a和转速n的方向如图所示,这时的电枢电流I_a和电磁转矩T的方向如图中虚线箭头表示。当KM2闭合(KM1断开)时,加到电枢绕组两端的电压极性与电动机正转时相反。因旋转方向未变,磁场方向未变,感应电动势方向也不变,则电枢电流为

$$I = \frac{-U_N - E_a}{R_a} = -\frac{U_N + E_a}{R_a} \tag{4-7}$$

电流为负值,表明其方向与正转时相反。由于电流方向改变,磁通方向未变,因此电磁转矩方向改变。电磁转矩与转速方向相反(图中用实线箭头表示),产生制动作用使转速迅速下降。这种因电枢两端电压极性的改变而产生的制动,称为电枢反接制动。

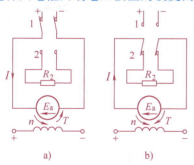

图4-14　电动机的运行状态
a) 电动状态　b) 能耗制动状态

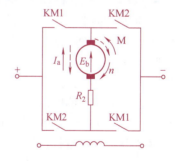

图4-15　电枢反接制动的接线图

(2) 倒拉反接制动　电动机被外力拖动,向着与它接线应有的旋转方向的反方向旋转而制动,称为倒拉反接制动。以电动机提升重物为例,电枢电流I_a、电磁转矩T、转速n的方向,如图4-16a中的箭头所示。它的接线使电动机逆时针方向旋转,此时电动机稳定运行于固有机械特性曲线的A点,如图4-17所示。若在电枢回路串入大电阻R_2,使电枢电流大

大减小，电动机将过渡到对应的串电阻的人为机械特性曲线上的 B 点。此时电磁转矩小于负载转矩，电动机的转速沿人为机械特性下降。随着转速的下降，反电动势减小，电枢电流和电磁转矩又回升。当转速降至零，电动机的电磁转矩仍小于负载转矩时，电动机便在负载转矩作用下开始反转，电动机变为下放重物，最终稳定在 C 点。如图 4-16b 所示，反转后感应电动势方向也随之改变，变为与电源电压方向相同。由于电枢电流方向未变，磁通方向也未变，所以电磁转矩方向也未变，但因旋转方向改变，所以电磁转矩变成制动转矩，这种制动称为倒拉反接制动。

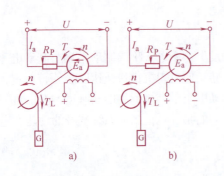

图 4-16 倒拉反接制动原理图

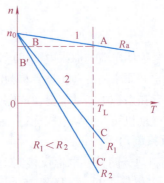

图 4-17 倒拉反接制动机械特性图

3. 回馈制动（再生发电制动）

当电动机在电动状态运行时，由于某种原因，如用电动机拖动机车下坡，使电动机的转速高于理想空载转速，此时 $n > n_0$，使得 $E_a > U$，电枢电流为

$$I_a = \frac{U - E_a}{R} = -\frac{E_a - U}{R} \tag{4-8}$$

可见，电枢中的电流方向与电动状态时电流方向相反，因磁通方向未变，则电磁转矩 T 的方向随着 I_a 的反向而反向，对电动机起到制动作用。在电动状态时，电枢电流从电网的正端流向电动机，而在制动时电枢电流从电枢流向电网，因而称为回馈制动。

回馈制动的机械特性与电动状态完全相同。由于回馈制动时 $n > n_0$，I_a 和 T 均为负值，所以它的机械特性曲线是电动状态的机械特性曲线向第二象限的延伸，如图 4-18 中的曲线 1。电枢回路串电阻将使特性曲线的斜率增大，如图 4-18 中的曲线 3。

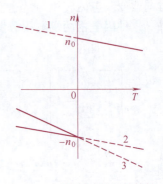

图 4-18 回馈制动的机械特性

回馈制动不需要改接电路即可从电动状态转化到制动状态，同时电能可回馈各电网，使电能获得应用，较为经济。

> **问题引导 4：** 如何对直流电动机进行调速控制？

1. 调速及其指标

为了提高生产率和保证产品质量，大量的生产机械要求在不同的条件下采用不同的工作速度。负载不变时，人为地改变生产机械的工作速度称为调速。调速可以采用机械的、电气的或机电配合的方法来实现。

电气调速是指通过改变电动机的参数来改变转速。电气调速可以简化机械结构，提高传动效率，便于实现自动控制。

电动机调速性能的好坏，常用下列指标来衡量。

（1）调速范围（D） 调速范围是指电动机拖动额定负载时，所能达到的最高转速与最低转速之比。不同的生产机械要求的调速范围是不同的，如车床为 20~100、龙门刨床为 10~40、轧钢机为 3~120。

（2）静差率（又称相对稳定性）（δ） 静差率是指负载转矩变换时，电动机的转速随之变化的程度，用理想空载增加到额定负载时电动机的转速降低值 Δn_N 与理想空载转速 n_0 之比来衡量。电动机的机械特性越硬，相对稳定性就越好。不同生产机械对相对稳定性的要求不同，一般设备要求 $\delta < 30\% \sim 50\%$，而精度高的造纸机则要求 $\delta \leq 0.1\%$。

（3）调速的平滑性 在一定的调速范围内，调速的级数越多越平滑。相邻两级转速之比称为平滑系数（φ）。φ 值越接近 1，则平滑性越好。当 $\varphi = 1$ 时，称为无级调速，即转速连续可调。不同生产机械对调速的平滑性要求不同。

（4）调速的经济性 经济性是指调速所需的设备投资和调速过程中的能量耗损。

（5）调速时电动机的容许输出 容许输出是指在电动机得到充分利用的情况下，在调速过程中所能输出的最大功率和转矩。

2. 调速方法

根据直流电动机的转速公式

$$n = \frac{U - I_a(R_a + R)}{C_e \Phi} \tag{4-9}$$

可知，当电枢电流 I_a 不变时，只要电枢电压 U、电枢回路串入附加电阻 R 和励磁磁通 Φ 中任一个发生变化，都会引起转速变化。因此，他励直流电动机有：电枢串联电阻调速、降低电枢电压调速和减弱磁通调速 3 种调速方法。

（1）电枢串联电阻调速 以他励直流电动机拖动恒转矩负载为例，保持电源电压和励磁磁通为额定值不变，在电枢回路串入不同的电阻时，电动机将运行于不同的转速。电枢串联电阻调速的机械特性如图 4-19 所示。电枢回路没有串入电阻时，工作点为自然机械特性曲线与负载特性的交点 A，转速为 n_A。在电枢回路串入调速电阻 R_1 的瞬间，因转速和电动势不能突变，电枢电流相应地减少，工作点由 A 过渡到 A′。此时 $T_A > T_L$，工作点由 A′ 沿串入电阻 R_1 的新的机械特性下移，转速也随着下降，反电动势减小，I_a 和 T 逐渐增加，直至 B 点，当 $T_B = T_L$ 时恢复转矩平衡，电动机以较低的转速 n_B 稳定运行。同理，若在电枢回路串入更大的电阻 R_2，则电动机将进一步减速并以更低的转速 n_C 稳定运行。

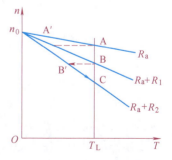

图 4-19 电枢回路串联电阻调速的机械特性

电枢回路串入电阻调速时，所串电阻越大，稳定运行转速越低，所以这种方法只能在低于额定转速的范围内调速。电枢串联电阻调速的设备简单，但串入电阻后机械特性变软,转速稳定性较差,电阻上的功率损耗较大。这种调速方法适用于调速性能要求不高的中、小型电动机。

(2) 降低电枢电压调速　以他励直流电动机拖动恒转矩负载为例,保持励磁磁通 $\varPhi$ 为额定值不变,电枢回路不串入电阻,降低电枢电压 U 时,电动机将运行于较低的转速。降低电枢电压调速的机械特性如图 4-20 所示。电压由 U_N 开始逐级下降时,工作点的变化情况如图中箭头所示,由 A→A′→B……

降低电枢电压调速需要有单独的可调压的直流电源,加在电枢上的电压不能超过额定电压 U_N,所以调速范围只能在低于额定转速的范围内调节。降低电枢电压时,电动机机械特性的硬度不变,因此运行在低速范围的稳定性较好。电压连续可调时,可进行无级调速,调速平滑性好。与电枢回路串入电阻相比,电枢回路中没有附加的电阻耗损,电动机的效率高。这种调速方法适用于对调速性能要求较高的设备,如造纸机、轧钢机等。

(3) 减弱磁通调速　减弱磁通调速的特点是理想空载转速随磁通的减弱而上升,机械特性斜率 β 与励磁磁通的平方成反比。随着磁通 $\varPhi$ 的减弱,β 增大,机械特性变软。减弱磁通调速的机械特性如图 4-21 所示。

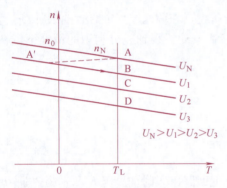

图 4-20　降低电枢电压调速的机械特性

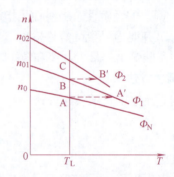

图 4-21　减弱磁通调速的机械特性

以他励直流电动机拖动恒转矩负载为例,保持电枢电压不变,电枢回路不串入电阻,减小电动机的励磁电流使励磁磁通 $\varPhi$ 降低,可使电动机的转速升高。如果忽略磁通变化的电磁过渡过程,则励磁电流逐级减小时,工作点的变化过程如图中箭头所示,由 A→A′→B……

采用减弱磁通的方式调速时,在正常的工作范围内,励磁磁通越弱,电动机的转速越高,因此弱磁调速只能在高于额定转速的范围内调节。但是电动机的最高转速受到换向能力、电枢机械强度和稳定性等因素的限制,所以转速不能升得太高。减弱磁通调速是在励磁回路进行调节,所用设备容量小,因此损耗小、控制方便、可实现无级调速、平滑性好。这种调速方法的缺点是机械特性软,当磁通减弱很多时,运行将不稳定。

在实际的他励直流电动机调速系统中,为了获得更大的调速范围,常常把降低电枢电压调速和减弱磁通调速配合起来使用。以额定转速为基速,采用降低电压向下调速和减弱磁通向上调速相结合的双向调速方法,从而可在很宽的范围内实现平滑的无级调速,而且调速时损耗较小,运行效率较高。

学习任务 4　直流电动机的特点及应用

学习目标：了解直流电动机的特点及应用。
能力目标：培养学生归纳和学习相关资料的能力；掌握1+X技能标准中"2-1新能源汽车动力　驱动电机、蓄电池技术模块"。
素质目标：培养学生的工匠精神。

直流电动机是将直流电能转换为机械能的电动机，因其良好的调速性能而在电力拖动中得到广泛应用。

问题引导1： 直流电动机的特点有哪些？

1. 调速性能好

直流电动机可以在重负荷条件下，实现平滑的无级调速，而且调速范围较宽。

2. 起动转矩大

直流电动机可以均匀且经济地实现转速调节，因此，凡是在重负荷下起动或是要求均匀调节转速的机械，都可以使用直流电动机。

3. 控制简单

直流电动机一般用斩波器控制，具有效率高、控制灵活、质量和体积小、响应速度快等优点。

4. 易磨损

由于存在电刷、换向器等易损件，所以必须进行定期维护或更换。

问题引导2： 新能源汽车直流电动机的性能要求有哪些？

1. 抗振动性

由于直流电动机具有较重的电枢，所以在颠簸路况行驶时，车辆振动会影响到轴承所承受的机械应力，对这个应力进行监控和采取相应的对策是很有必要的。同时，由于振动很容易影响到换向器和电刷的滑动接触，因此必须采取提高电刷弹簧预紧力等措施。

2. 环境适应性

直流电动机作为新能源汽车的驱动电机时，与在室外使用时的环境大致相同，所以要求在设计时充分考虑密封的问题，防止灰尘和水汽侵入电动机，另外还要考虑电动机的散热性能。

3. 低能耗性

为了延长一次充电续驶里程以及抑制电动机的温升、尽量保持低损耗和高效率成为直流电动机的重要特性。近年来，由于稀土系列永磁体的研究开发，直流电动机的效率已明显提高，能耗明显减低。

4. 抗负载波动性

车辆在不同路况下行驶时，电动机的负荷会有较大的变动，因此有必要对额定条件的设定加以重点考虑。在市区行驶时，由于交通信号密集及道路拥挤等因素，车辆起动、加速和制动等工况较频繁，不可避免地经常在最大功率下运行，此时电刷与换向器之间的电火花和磨损非常剧烈，因此必须注意换向极和补偿绕组的设计。在郊外行驶时，电动机的输出速度较高，转矩较低，一般要以高效率的额定条件运行，而直流电动机在高速运行情况下，对其换向器部分的机械应力和换向条件的要求会变得严格，因此在大型车辆驱动系统中大多设置变速器以达到提高起动转矩的目的。

5. 小型化、轻量化

为了要获得更大的车载空间以及减小整车质量，小型化和轻量化成为驱动电动机的必然趋势。直流电动机的转子部分含有较大比例的铜，如电枢绕组和换向器铜片，所以与其他类型的电动机相比，直流电动机的小型化和轻量化更难以实现。目前可以通过采用高磁导率、低损耗的电磁钢板减少磁性负荷，虽然增加了成本，但可以实现轻量化。

6. 免维护性

对于电刷，根据负荷情况和运行速度等使用条件的不同，更换时间和维修的次数也是不同的。相应的解决方法是：采用不损伤换向器的电刷材质，并且将检查端口设计的较大，以延长电刷的使用寿命和便于维修、更换。

问题引导3： 直流电动机的应用有哪些？

作为新能源汽车驱动电机的直流电动机主要是他励式直流电动机（包括永磁直流电动机）、串励式直流电动机和复励式直流电动机3种类型。小功率（<10kW）的电动机多采用小型高效的永磁式直流电动机，一般应用在小型、低速的车用车辆上，如电动自行车、电动观光车、电动叉车、警用巡逻车等；中等功率（10~100kW）的电动机多采用复励式直流电动机，可以用于结构简单、转矩较大的电动火车上；大功率（>100kW）的电动机多采用串励式直流电动机，可以用于低速、大转矩的大型专用电动车上，如电动矿石搬运车、电动玻璃搬运车等。

直流电动机的效率和转速相对较低，运行时需要电刷和机械换向装置，在换向过程中易出现电火花及电磁干扰，不易在多尘潮湿、易燃易爆的环境中使用，而电磁干扰对高度电子化的新能源汽车来说是致命的。由于机械磨损，电刷和换向器需要定期维护更换，加之直流电动机造价高并且质量和体积较大，这些缺点大大降低了直流电动机的可靠性和适用范围，一定程度上也限制了其在新能源汽车领域的发展及应用。随着电力电子技术及电动机控制技术的发展，直流电动机与其他类型的电动机相比已明显处于劣势。

练习题

一、选择题

1. （　　）是指通入直流电而产生机械运动的电动机。
   A. 直流电动机　　　　　　　B. 交流感应电动机
   C. 异步电动机　　　　　　　D. 开关磁阻电动机
2. 直流电动机的转速从零增加到稳定运行速度的整个过程称为（　　）。

A. 制动过程　　　　B. 起动过程　　　　C. 反转过程　　　　D. 调速过程

二、判断题

1. 电刷装置的作用是把直流电压、直流电流引入或引出。（　　）

2. 小功率（＜10kW）的电动机多采用小型高效的永磁式直流电动机，一般应用在小型、低速的车辆上，如电动自行车、电动观光车、电动叉车、警用巡逻车等。（　　）

3. 大功率（＞100kW）的电动机多采用串励式，可以用于低速、大转矩的大型专用电动车上，如电动矿石搬运车、电动玻璃搬运车等。（　　）

学习情境五

交流异步电动机

```
              交流异步
              电动机
    ┌───────────┼───────────┐
交流异步电动   交流异步电动   交流异步电动   交流异步电动机
机的基本结构   机的工作原理   机的控制技术   的特点及应用
```

学习任务 1　交流异步电动机的基本结构

学习目标：了解交流感应电动机的基本结构。
能力目标：培养学生归纳和学习相关资料的能力；掌握 1+X 技能标准中"2-1 新能源汽车动力　驱动电机、蓄电池技术模块"。
素质目标：培养学生的工匠精神。

交流异步电动机又称为交流感应电动机，是由气隙旋转磁场与转子绕组感应电流相互作用产生电磁转矩，从而实现电能转换为机械能的一种交流电动机。交流异步电动机是各类电动机中应用最广、需求量最大的一种。交流异步电动机通常按转子结构和定子绕组相数进行分类：按转子结构来分，可分为笼型和绕线型；按定子绕组相数来分，可分为单相和三相。在新能源汽车中，笼型交流异步电动机应用较为广泛，具有结构简单且坚固、制造成本低、维护方便等优点。

和所有旋转的电动机的结构一样，交流异步电动机由静止的定子和可以旋转的

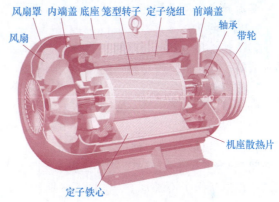

图 5-1　交流异步电动机的基本结构

转子组成，定子和转子之间为气隙，交流异步电动机的气隙一般为 0.5~2.0mm，气隙的大小对交流异步电动机的性能有很大影响。交流异步电动机的基本结构如图 5-1 所示。

问题引导 1： 交流异步电动机的定子的组成是怎样的？

交流异步电动机的定子主要由定子铁心、定子绕组和机座组成。

交流异步电动机

1. 定子铁心

定子铁心主要是作为电动机主磁路的一部分并且用来嵌放定子绕组，为了降低定子铁心的铁损耗，定子铁心一般由 0.35~0.50mm 厚、表面涂有绝缘漆的硅钢片叠压而成。在铁心的内圆冲有均匀分布的槽，用以嵌放定子绕组。定子铁心槽型分为 3 种：开口槽、半开口槽和半闭口槽。其中，开口槽用于大、中型容量的高压异步电动机；半开口槽用于中型 500V 以下的异步电动机；半闭口槽用于小型容量的低压异步电动机。

2. 定子绕组

定子绕组是电动机的电路部分，通入三相交流电，其作用是吸收电功率和产生旋转磁场。定子绕组由 3 个在空间上互隔 120°对称排列、结构完全相同的绕组（每个绕组为一相）组成，根据需要连接成Y或△。

对于大、中型容量的高压异步电动机定子绕组常采用Y联结，只有 3 根引出线，如

图 5-2a 所示。对中、小型容量的低压异步电动机，通常把定子三相绕组的 6 根出线头都引出来，根据需要可接成Y或△。△联结如图 5-2b 所示。定子绕组用绝缘的铜（或铝）导线绕成，嵌放在定子槽内。

3. 机座

机座主要用于固定定子铁心和前、后端盖，支撑转子并起到防护和散热等作用，一般不作为工作磁路的组成部分。大多数机座采用铸铁铸造而成，大型容量的异步电动机机座采用钢板焊接而成，微型异步电动机机座多采用铸铝或塑料制成。根据电动机的防护方式、冷却方式和安装方式的不同，机座的样式也不尽相同。

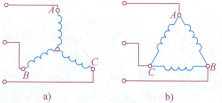

图 5-2 定子绕组接法
a) Y联结 b) △联结

问题引导 2： 交流异步电动机的转子的组成是怎样的？

交流异步电动机的转子由转子铁心和转子绕组组成。

1. 转子铁心

转子铁心是电动机磁路的一部分，它由 0.5mm 厚的硅钢片叠压而成。转子铁心固定在转轴或转子支架上，整个转子的外表呈圆柱形。

2. 转子绕组

转子绕组分为笼型和绕线型两类。

（1）笼型绕组　笼型绕组是一个自行闭合的绕组。在转子铁心的每个槽里嵌放一根导体，在铁心的两端用端环连接起来，形成一个短路的绕组。如果把转子铁心拿掉，剩下来的绕组形状像个松鼠笼子，如图 5-3 所示。导条的材料用铜或铝。

（2）绕线型绕组　绕线型绕组的槽内嵌放用绝缘导线组成的三相绕组，一般都连接成Y。转子绕组的 3 条引线分别接到 3 个集电环上，用一套电刷装引线引出来，这就可以把外接电阻串联到转子绕组回路，以改善电动机的起动性能或调节电动机的转速。

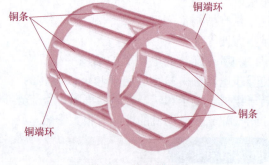

图 5-3 笼型转子

与笼型转子相比较，绕线转子结构复杂、价格较高，主要应用于起动电流小、起动转矩大，或需平滑调速的场合。

学习任务 2　交流异步电动机的工作原理

学习目标： 了解交流异步电动机的工作原理。
能力目标： 培养学生归纳和学习相关资料的能力；掌握 1+X 技能标准中 "2-1 新能源汽车动力　驱动电机、蓄电池技术模块"。
素质目标： 培养学生的工匠精神。

知识准备

异步电动机工作时，由定子、转子共同建立气隙基波磁场，并与转子绕组的感应电流相互作用产生电磁力，从而形成电磁转矩。

问题引导1： 什么是气隙旋转磁场和感应电动势？

电磁转矩克服负载转矩输出机械能，因此异步电动机实现了电能到机械能的能量转换。异步电动机能够正常工作必须满足两个基本条件：电动机的定子、转子基波磁动势必须能合成并在气隙内建立旋转磁场；转子转速必须小于气隙旋转磁场的转速，并且两者保持一定的差值，以保证转子与旋转磁场之间存在相对运行。气隙基波旋转磁场也就是主磁场，其旋转速度与电源频率的关系为

$$n_1 = \frac{60f}{p} \tag{5-1}$$

式中 n_1——同步转速（r/min）；
f——定子电源频率（Hz）；
p——定子绕组的磁极对数。

特别指出，异步电动机的空载气隙磁场是由定子绕组的交流磁动势建立的。

给异步电动机通入对称的三相交流电时，将会产生1个旋转的气隙磁场，其中通过气隙到达转子的基波磁场称为主磁场；只铰链定子绕组就形成闭合回路，未能到达转子的磁场称为定子漏磁场。该旋转磁场会同时切割定子、转子绕组，这样在两个绕组内会产生相应的感应电动势。由此可见，在这种情况下，整个气隙磁场全部是由定子绕组内的三相对称电流产生，为此，定子磁动势又称为励磁磁动势，定子电流也称为励磁电流。由于定子绕组的三相交流电是完全对称的，在此仅以A相为例来进行分析。当A相电流达到最大值时，它所对应的磁动势也达到最大，转子不转的异步电动机相当于1台二次侧开路的三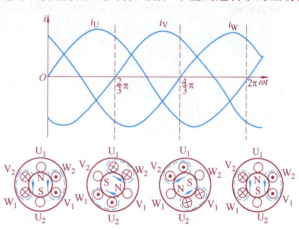

图5-4 三相交流电与旋转磁场的对应关系

相变压器，其中定子绕组是一次绕组，转子绕组是二次绕组，只是在磁路中，异步电动机定子转子铁心中多了1个气隙磁路。三相交流电与旋转磁场的对应关系如图5-4所示。

问题引导2： 交流异步电动机的工作原理是怎样的？

异步电动机定子绕组接通三相交流电源后，电动机内变形成圆形旋转磁动势以及圆形旋转磁密，设其反向为逆时针，如图5-5所示。若转子不转，笼型转子导条与旋转磁密有相对运动，导条中有感应电动势 E_e，方向由右手定则确定。由于转子导条彼此在端部短路，于

是导条中有电流,不考虑电动势与电流的相位差时,电流方向与电动势方向相同。这样,导条就在磁场中受力 f,用左手定则确定受力方向,由图 5-5 可知为逆时针旋转方向。

转子受力,产生转矩 T_{em},为电磁转矩,方向与旋转磁动势同方向,转子便在该方向上旋转起来。转子旋转后,转速为 n,只要 $n < n_1$(n_1 为旋转磁动势同步转速),转子导条与磁场仍有相对运动,产生与转子不转时相同方向的电动势、电流及受力,电磁转矩 T_{em} 仍旧为顺时针方向,转子继续旋转,稳定运行在 $T_{em} = T_L$ 的情况下。

由异步电动机的工作原理可知,异步电动机稳定运行时,转子转速 n 不能等于旋转磁场的同步转速 n_1,其转差转速 $\Delta n = n_1 - n$。转差转速 Δn 与同步转速之比为异步电动机的转差率,用 s 表示,即

$$s = \frac{\Delta n}{n_1} = \frac{n_1 - n}{n_1} \quad (5-2)$$

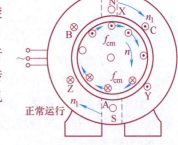

图 5-5 异步电动机工作原理

转差率是异步电动机的一个重要参数,正常运行时异步电动机转子转速接近于同步转速 n_1,转差率一般为 0.01~0.05。

学习任务 3　交流异步电动机的控制技术

学习目标:了解交流异步电动机的控制技术。
能力目标:培养学生归纳和学习相关资料的能力;掌握 1+X 技能标准中"2-1 新能源汽车动力　驱动电机、蓄电池技术模块"。
素质目标:培养学生的工匠精神。

知识准备

交流异步电动机控制系统的主要作用是为电动机提供变压、变频电源,同时其电压和频率能够按照一定的控制策略进行调节,以使驱动系统具有良好的转矩—转速特性。

由于交流异步电动机的直轴和交轴的耦合作用,导致其动态模型的高度非线性,使得交流异步电动机的控制比直流电动机复杂得多。交流异步电动机转速控制的基本公式为

$$n = n_s(1-s) = \frac{60f}{p}(1-s) \quad (5-3)$$

式中　n——电动机转子的转速;
　　　n_s——同步旋转磁场的转速;
　　　s——转差率;
　　　p——磁极对数;
　　　f——电源频率。

由式(5-3)可知,n 与 n_s 转速不同,故"相异",称"异步电动机"。改变 s、p 和 f

可以调节电动机转速，因此可以将交流异步电动机的基本调速方式相应分为 3 种：调压调速、变极调速和变频调速。改变异步电动机输入电源的电压进行调速的方式称为调压调速，是一种变转差率调速方式；改变异步电动机的磁极对数，从而改变同步旋转磁场转速进行调速的方式称为变极调速，其转速阶跃变化；改变异步电动机输入电源频率，从而改变同步磁场转速的调速方式称为变频调速，其转速可以均匀变化。对于交流异步电动机调速控制，一般采用控制多种变量的方法。目前高级的控制策略和复杂的控制算法（如自适应控制、变结构控制和最优控制等）已经得以使用，以获得快速响应、高效率和宽调速范围的优势。

为了实现交流异步电动机的理想调速控制，许多新的控制方法被应用到异步电动机驱动系统中，其中较为成功的是变压变频（VVVF）控制、矢量控制（FOC）和直接转矩控制（DTC）。传统的变压变频控制由于其动态模型的非线性不能使电动机满足所要求的驱动性能，而矢量控制可以克服由于非线性带来的控制难度，能在线准确辨识出电动机的参数，控制性能非常优越。目前随着微处理器性能的不断提高，国内外已经推出了多种型号的基于矢量控制的控制器，控制性能已基本满足汽车的动力性要求。

问题引导1：交流异步电动机如何起动？

将三相异步电动机接入电源，电动机由静止不动到按稳定转速运行中间所经历的过程称为起动。在刚接入电源的一瞬间，电动机转速 $n=0$，此时旋转磁场与转子之间相对运动速度最大。转子绕组中产生的感应电动势和感应电流最大，定子电流也最大，通常为额定电流的 4~7 倍。如果电动机不是频繁起动就不会有热量的积累，对电动机本身没有多大的影响。

但是，过大的起动电流对供电线路会有一定的影响。因为过大的起动电流会在线路上产生较大的电压降，降低了电网供电的电压，影响到同一供电系统上的其他电器设备使其不能正常工作。对于工作在同一电源的其他异步电动机，由于电磁转矩与电压二次方成正比，电压的降低会减小它们的转速，增大其电流，甚至会使 T_{max}（电磁转矩）小于负载转矩而造成电动机意外停转。

另外，在刚起动时虽然起动电流大，但由于 $s=1$，转子感抗大，这使转子功率因数较小，所以起动转矩并不大，不能带动较大的负载起动。可见异步电动机起动时存在着起动电流大、起动转矩小的问题。因此常采用不同的起动方法来改善电动机的起动性能，具体方法如下。

（1）直接起动 通过开关或接触器将电动机直接接入电源的起动方法称为直接起动。这种起动方法简单、容易实现，但是否允许电动机直接起动取决于电动机容量和供电电源容量的比例。

在以下几种情况下，一般可以采用直接起动的方法。若电动机的电源是在具有独立变压器供电的情况下，对于不经常起动的三相异步电动机，其功率不能超过电源容量的 30%；对于频繁起动的异步电动机，其功率不应超过电源容量的 20%。如果没有独立变压器供电，异步电动机直接起动时所产生的电压降不应超过额定电压的 5%。

（2）降压起动 对于不允许直接起动的电动机，可以采用降压起动的方法，以减小起动电流。降压起动就是在起动时，降低加在定子绕组上的电压，待电动机的转速接近额定值时，再将定子绕组的电压恢复到额定值，使电动机进入正常运行状态。

由于三相异步电动机的起动转矩与电源电压的二次方成正比，在降低起动电压、限制起动电流的同时，也大大降低了起动转矩。因此降压起动的方法只适用于电动机的轻载或空载起动。降压起动有以下几种常用的方法：

1) 星形—三角形（Y—△）转换降压起动。这种方法是在起动时先将定子绕组接成星形（Y），当电动机转速接近稳定值时，再将定子绕组接成三角形（△），使电动机运行在三角形联结方式下。

这样在起动时，就能将定子每相绕组上的电压降到正常工作电压的 $\frac{1}{\sqrt{3}}$。显然这种方法只适用于 6 个接线端子均可用，且正常工作时定子绕组为三角形联结的三相异步电动机。

下面分析电动机的起动电流和起动转矩。

定子绕组接成星形（图 5-6a）时的起动电流为

$$I_{1Y} = I_{PY} = \frac{U_{PY}}{|Z|} = \frac{U_1}{\sqrt{3}|Z|} \tag{5-4}$$

定子绕组接成三角形（图 5-6b）时的起动电流为

$$I_{1\triangle} = \sqrt{3} I_{P\triangle} = \sqrt{3}\frac{U_{P\triangle}}{|Z|} = \sqrt{3}\frac{U_1}{|Z|} \tag{5-5}$$

则

$$\frac{I_{1Y}}{I_{1\triangle}} = \frac{U_1/|Z|}{\sqrt{3}U_1|Z|} = \frac{1}{3} \tag{5-6}$$

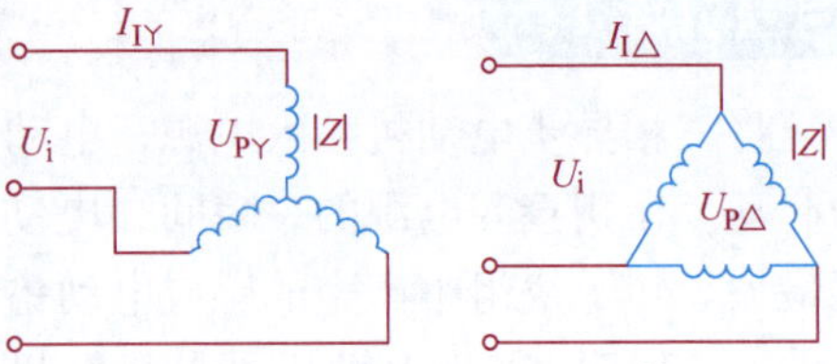

图 5-6 星形-三角形降压起动电流的计算
a) 星形 b) 三角形

即降压起动时的电流为直接起动时的 $\frac{1}{3}$。

由于起动转矩与电压的平方成正比，所以当定子每相绕组电压降低到正常工作电压的 $\frac{1}{\sqrt{3}}$ 时，起动转矩减小到直接起动时的 $\frac{1}{3}$。

这种起动方法的电路如图 5-7 所示。在起动时先将开关 Q_1 向下合，实现异步电动机的星形接法起动。待电动机转速接近稳定转速时，将开关 Q_1 向上合，将电动机换接成三角形联结。目前常采用继电器-接触器控制线路来实现星形-三角形联结的自动转换。

2) 自耦变压器降压起动。若三相异步电动机不能采用星形-三角形降压起动，可采用三相自耦变压器降压起动。其起动电路如图 5-8 所示。

起动时先将开关 Q_1 向下合，使电动机定子绕组与自耦变压器低压边相接，进行降压起动。当电动机转速接近额定值时，将开关 Q_1 向上合，使电动机定子绕组直接与电源相接，进入正常运行状态。

采用这种降压起动的方法使定子绕组的电压变为原来的 $1/k$ 倍（k 是自耦变压器的变比），供电线路的电流减小为原来起动电流的 $1/k^2$，起动转矩也为直接起动时的 $1/k^2$。这种起动方法的优点是起动电压可以根据需要来选择，使用起来方便灵活，但需要自耦变压器，从而增加了成本。

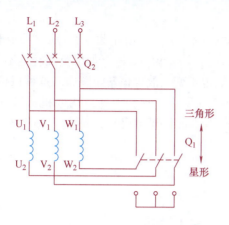

图 5-7 星形-三角形转换起动电路

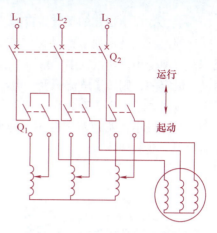

图 5-8 自耦变压器降压起动电路

3) 转子串电阻降压起动。这种起动方法是在转子绕组中接入起动电阻,因此只适用于绕线转子异步电动机。其起动电路如图 5-9 所示。起动时,先将起动变阻器的阻值置于最大位置,随着转速的上升,逐渐减小起动电阻,直到电动

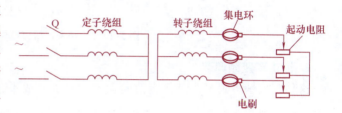

图 5-9 转子串电阻起动电路

机转速接近额定值时全部切除起动电阻,使电动机进入正常运行状态。

电动机转子串接起动电阻不但减小了起动电流,而且增大了转子的功率因数 $\cos\varphi_2$,因此提高了电动机的起动转矩。

问题引导 2: 交流异步电动机的变频调速方式是怎样的?

变频调速是通过改变电动机的电源频率进行调速。由于能连续改变电源频率 f_1,所以速度的改变也是连续和平滑的。由异步电动机的转速表达式可知,改变了定子电源频率 f_1 就可以改变旋转磁场的转速,从而改变电动机的转速。

在忽略定子漏阻抗的情况下,异步电动机的感应电动势 E_1 近似等于电源电压 U_1,即

$$U_1 \approx E_1 = 4.44 f_1 N_1 \Phi K_1 \tag{5-7}$$

由式(5-7)可知,若电源电压 U_1 不变,则磁通随频率而变。通常在设计电动机时,为了充分利用铁心材料,将磁通 Φ 的数值选择在接近饱和值上。因此,如果频率从额定值(工作频率为 50Hz)往下调,磁通会增加,这将造成磁路过饱和,使励磁电流增加,铁心过热,增加其损耗。如果频率从额定值往上调,会使磁通减小,造成电动机欠励磁,影响电动机的输出转矩。为此,在调节电源频率 f_1 的同时要同步调节电源电压 U_1 的大小,以保持 U_1/f_1 值为恒定,从而维持磁通恒定不变。

在实际应用中,由于受电动机的额定电压值限制,在有的情况下不能保持 U_1/f_1 值为恒定,这样就出现了不同的变频调速控制方式。

异步电动机变频调速的控制方式主要有如下几种。

1. 保持 U_1/f_1 值恒定的恒转矩变频调速

这种调速方式是将频率 f_1 从额定值往下调（同时减小 U_1），由于频率减小，电动机转速低。在这种变频调速过程中，由于 $U_1 = 4.44 f_1 N_1 \Phi$，$T = C_T \Phi I_2 \cos\varphi_2$，如果负载转矩不变，磁通又是恒定的，则转子电流不变，电动机输出转矩也不变，故为恒转矩调速。这种保持磁通恒定、输出转矩不变的变频调速机械特性如图 5-10a 所示。这种调速方法的机械特性较硬，即转速降较小，调速范围较宽，但低速性能较差。如果电源频率 f_1 能实现连续调节，就能实现无级变频调速。

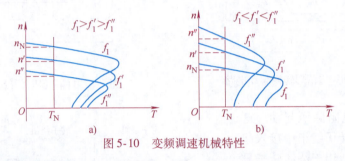

图 5-10 变频调速机械特性

2. 恒功率变频调速

这种方式是将频率 f_1 从额定值向上调。由于一般不允许将电动机的电源电压升高超过其额定值，因此在电源电压 U_1 不变的情况下，提高电源频率会使磁通 Φ 减小，输出转矩随之减小。对于恒功率负载，若电动机转速升高，其输出转矩会减小，从而异步电动机的电磁功率基本保持不变。这种恒功率变频调速方式的机械特性如图 5-10b 所示，它的机械特性较软，即转速降较大。这种调速方式也称为恒压弱磁变频调速。在实际应用中可根据不同负载采用不同的调速方式。通常恒转矩负载采用恒转矩调速方式，恒功率负载采用恒功率调速方式。

近年来，出现了一些新的控制方式，如矢量控制转矩和磁通直接控制等，可进一步改善变频调速器的调速性能，详细介绍可查阅变频调速的相关资料。变频调速是一种理想的调速方式，可实现连续调速，又能节能，但需要变频器，故成本较高。

3. 变频器调速

若实现变频调速就要有变频电源，变频电源是由变频器提供的。变频器的基本结构如图 5-11 所示，其由主电路和控制电路组成。

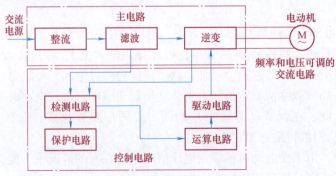

图 5-11 变频器的原理

主电路包括整流、滤波和逆变 3 部分。它的工作原理是：首先将工频交流电压通过整流器转换为直流电压，经过滤波后，通过逆变器将直流电压转换为频率可调的交流电压。

控制电路的功能是向主电路提供控制信号，它包括对电压和频率进行运算的运算电路，对主电路进行电流、电压检测的检测电路，将运算电路的控制信号进行放大的驱动电路以及主电路和控制电路的保护电路。

在现代变频器中，普遍采用正弦波脉宽调制（SPWM）方式，将直流电转换为频率和电压可调的交流电。它是通过改变输出的脉冲宽度，使输出电压的平均值接近于正弦波，即使脉冲系列的占空比按正弦规律来安排。当正弦值为最大值时，脉冲的宽度也最大，当正弦值较小时，脉冲的宽度也较小。如果脉冲间的间隔小，相应的输出电压大；反之，脉冲间的间隔较大，相应的输出电压也较小。变频器输出电压波形如图 5-12 所示。

4. 变极调速

变极调速是通过改变异步电动机定子旋转磁场的磁极对数来改变旋转磁场转速 n_0，从而改变电动机的转速的。每当磁极对数增加一倍，旋转磁场的转速 n_0 就降低一半，转子转速也将降低一半，显然这种调速方法是有级调速。

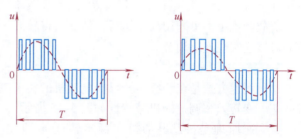

图 5-12　变频器输出电压波形

改变异步电动机的磁极对数是通过改变定子绕组的接线方式来实现的。现以四极变两极为例说明变极调速原理。图 5-13 所示是一台四极三相异步电动机定子 U 相绕组的接线图，图 5-13a 所示是 U 相绕组展开图，它是由两个等效集中线圈串联组成，连接顺序为 $U_1 - U_2 - U_1' - U_2'$。当 U_1U_2' 绕组有电流通过时，方向如图 5-13b 所示，根据右手定则可以判断出定子旋转磁场有 4 个磁极，这时磁极对数 $p = 2$。

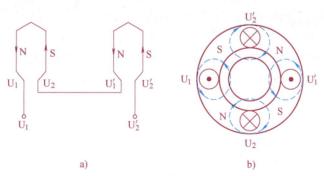

图 5-13　变极调速时的四极磁场

将线圈连接顺序改为 $U_1 - U_2 - U_2' - U_1'$，如图 5-14a 所示，当有电流通过绕组时，它产生的定子旋转磁场有两个磁极，如图 5-14b 所示，这时磁极对数 $p = 1$。

由以上可以看出，如果改变电动机定子绕组中部分绕组的电流方向，则电动机的磁极对数会成倍变化，从而使旋转磁场转速及转子转速也成倍变化。

通常，普通电动机的极对数是不能改变的，为了达到变极调速的目的，人们研制出了实现变极调速的电动机，称为变极电动机。这种电动机适用于车床、镗床、钻床等加工机床。

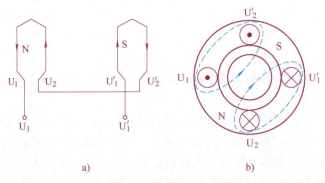

图 5-14 变极调速时的两极磁场

在初加工时,由于进刀量大,负载转矩大,可采用低速运行;而在精加工时,由于进刀量小,负载转矩小,可采用高速运行,从而获得较高效率。这种调速方式简单,容易实现,但不能对转速实现连续调节。

5. 变转差率调速

这种调速方式是在绕线转子异步电动机的转子绕组中串联接入电阻,通过改变转差率实现调速。变转差率调速的机械特性如图 5-15 所示。

其调速原理是:设电动机在额定转速 n_N 下运行,在增大转子电阻的瞬间,转子电流减小,使电动机输出的电磁转矩小于负载转矩,这将引起电动机转速下降。转速下降则转差率增大,从而使转子中的感应电动势增大,转子电流和电磁转矩回升,直到电磁转矩与负载转矩重新相等,电动机稳定运行,但这时电动机的转速降到 n'。这种调速方法使转差率改变,故称为变转差率调速。

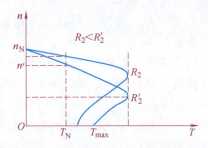

图 5-15 变转差率调速的机械特性

这种调速方法的特点是:旋转磁场转速不变,但其改变了机械特性运行段斜率,转子串入的电阻越大斜率越大(机械特性越软),随着负载转矩的增加,转速下降就越快,但最大转矩不变。这种调速方法设备简单,可实现连续调速,但在调速电阻上增加了能量损耗。

问题引导 3: 三相异步电动机是怎样进行制动的?

当切断三相异步电动机供电电源后,电动机会依靠惯性继续转动一段时间后才停止。为了保证生产机械工作的准确性和提高生产效率,需要采用某种方法对电动机实行制动,即强迫电动机迅速停止转动。下面介绍 3 种常用的制动方法。

1. 能耗制动

这种制动方法是在电动机断电之后,立即在定子绕组中通入直流电流,以产生一个恒定的磁场,它与继续转动的转子相互作用,产生一个与转子旋转方向相反的电磁转矩,迫使电动机迅速停下来。图 5-16 所示为能耗制动原理。这种制动方法是利用消耗转子的动能来实现制动的,所以称为能耗制动。

图 5-17 所示为能耗制动电路,由开关 Q_1 实现制动的转换。电动机正常运转时,开关 Q_1 合向"运转"侧,当制动时,开关

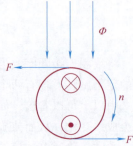

图 5-16 能耗制动原理

Q_1 断开，Q_2 合向"制动"侧。当电动机停转后，打开开关 Q_2，切断直流电源。这种制动方法消耗能量小，制动效果较好，但需配直流电源。

2. 反接制动

反接制动是将接到电动机定子绕组的三相电源的 3 根导线中的任意两根对调位置，如图 5-18 所示，即通过改变接入电动机三相电源的相序来实现制动。当三相电源的相序改变时，电动机旋转磁场立即反向旋转，产生的电磁转矩方向与原来的方向相反，即与电动机由于惯性仍在转动的方向相反，因此起到了制动的作用。当电动机转速降为零时，应及时切断电源，否则电动机将反向起动。

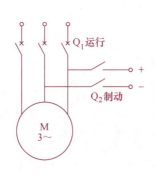

图 5-17　能耗制动电路

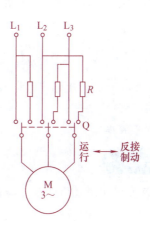

图 5-18　反接制动电路

在反接制动时，旋转磁场与转子相对速度（$n_0 + n$）很大，因而会在定子、转子中产生很大的电流，为了限制这个电流，通常在定子绕组中串入限流电阻 R。这种制动方法简单，制动力矩大，制动效果好，但能量消耗较大。

3. 发电反馈制动

当转子转速 n 超过旋转磁场转速 n_0 时，转子所产生的转矩为制动转矩，由于 $n > n_0$，这时转子中产生的感应电动势及感应电流的方向均与电动机的电动状态相反，由此产生制动转矩，在制动转矩的作用下，电动机转速减小。

在采用变频器对异步电动机进行调速时，降低变频器的输出频率使电动机处减速时，旋转磁场的转速低于电动机的实际转速，异步电动机便成为异步发电机，它将机械负载和电动机所具有的机械能量反馈给变频器，并在电动机中产生制动力矩，故称为发电反馈制动。另外，在多速电动机从高速调到低速的过程中，起重机快速下放重物时，也会出现这种发电反馈制动的情况。

学习任务 4　交流异步电动机的特点及应用

学习目标：了解交流异步电动机的特点及应用。

能力目标：培养学生归纳和学习相关资料的能力；掌握 1 + X 技能标准中"2-1 新能源汽车动力　驱动电机、蓄电池技术模块"。

素质目标：培养学生的工匠精神。

知识准备

交流异步电动机成本低且可靠性高,即使逆变器损坏,发生短路时也不会产生反电动势,不会出现急制动的可能性,因此广泛应用于大型高速的电动汽车上。

问题引导1: 交流异步电动机有哪些特点?

交流异步电动机具有以下性能特点。
1) 小型轻量化。
2) 易实现转速超过 10000r/min 的高速旋转。
3) 高转速、低转矩运行效率高。
4) 低速时有高转矩输出,以及具有较宽的速度调节范围。
5) 高可靠性。
6) 制造成本低。

问题引导2: 交流异步电动机的应用有哪些?

三相笼型异步电动机的功率容量覆盖面很广,从零点几瓦到几千瓦;可以采用强制风冷或液体冷却方式冷却,冷却自由度高;对环境适应性强,并且能够实现能量回收,与相同功率的直流电动机相比,效率较高,质量要减小约一半。

为了更好地满足以上要求,各大厂商均对交流异步电动机进行了研究开发。一般情况下,作为新能源汽车专用的电动机,由于安装条件是受限制的,而且要求小型轻量化,因而电动机在 10000r/min 以上高速运转时,大多采用一级齿轮减速器实现减速。此外,由于振动等恶劣的工作环境,电动机在低转速下需要高转矩,并且要求在较宽的速度范围内具有恒功率输出特性,所以新能源汽车用交流异步电动机与一般工业用电动机不同,在设计上采用了各种新技术、新方法。

出于对工作环境的考虑,驱动电机大多采用全封闭式结构,为了框架、底座的轻量化,采用压铸铝的方式制造,也有采用将定子铁心裸露在外表的无框架结构,而且为了实现小型轻量化,冷却方式大多采用水冷式。由于高速运转时频率升高,引起铁损坏增大,因此希望减少电动机的极数,一般采用2极或4极,但采用2极时,线圈端部的接线变长,故采用4极的情况较多。此外,为了减少铁损坏,交流异步电动机普遍采用了具有良好导磁性的电磁钢板。

交流异步电动机由于成本低、坚固耐用、速度范围宽等特点,适合用于新能源汽车,目前采用交流异步电动机驱动系统的车辆主要有美国通用汽车公司的 EV-1 型电动汽车,福特汽车公司生产的电动汽车以及为人所熟知的特斯拉电动汽车等。

练习题

一、选择题

1. 异步电动机能够正常工作必须要满足的条件是?( )

A. 转子转速必须小于气隙旋转磁场的转速,并且两者保持一定的差值,以保证转子与旋转磁场之间存在相对运行。

　　B. 转子转速必须大于气隙旋转磁场的转速，并且两者保持一定的差值，以保证转子与旋转磁场之间存在相对运行。

　　C. 转子转速必须小于气隙旋转磁场的转速，并且两者无须保持一定的差值，以保证转子与旋转磁场之间存在相对运行。

　　D. 转子转速必须大于气隙旋转磁场的转速，并且两者无须保持一定的差值，以保证转子与旋转磁场之间存在相对运行。

　2. 下面哪项不是交流异步电动机的性能特点？（　　）

　　A. 制造成本高

　　B. 低速时有高转矩输出，以及具有较宽的速度调节范围

　　C. 易实现转速超过 10000r/min 的高速旋转

　　D. 高转速低转矩运行效率高

二、判断题

1. 交流异步电动机又称交流感应电动机。　　　　　　　　　　　　　　（　　）

2. 交流异步电动机是由气隙旋转磁场与转子绕组感应电流相互作用产生电磁转矩，从而实现电能转换为机械能的一种交流电动机。　　　　　　　　　　　　（　　）

3. 正常运行时感应电动机转子转速接近于同步转速 n_1，转差率一般为 0.01~0.05。

（　　）

学习情境六

永磁同步电动机

- 永磁同步电动机
  - 永磁同步电动机的基本结构
  - 永磁同步电动机的工作原理
  - 永磁同步电动机的控制技术
  - 永磁同步电动机的特点及应用

学习任务1　永磁同步电动机的基本结构

学习目标：了解永磁同步电动机的基本结构。
能力目标：培养学生归纳和学习相关资料的能力；掌握1+X技能标准中"2-1 新能源汽车动力　驱动电机、蓄电池技术模块"。
素质目标：培养学生的工匠精神。

知识准备

由永磁体励磁产生同步旋转磁场的同步电动机，称为永磁同步电动机。

永磁同步电动机（Permanent Magnet Synchronous Motor，PMSM）具有高效、高控制精度、高转矩密度、良好的转矩平稳性及低振动噪声的特点，通过合理设计永磁电路结构能获得较高的弱磁性能，在电动汽车驱动方面具有很高的应用价值，受到国内外电动汽车界的高度重视，是最具竞争力的电动汽车驱动电机之一。

永磁同步电动机分为正弦波驱动电流的永磁同步电动机和方波驱动电流的永磁同步电动机。这里介绍的主要是以三相正弦波驱动的永磁同步电动机。

永磁同步电动机的结构如图6-1所示，和传统电动机一样，主要由定子和转子两大部分构成。

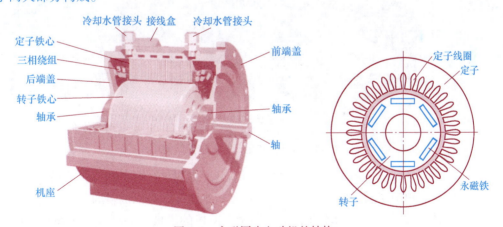

图6-1　永磁同步电动机的结构

问题引导1：永磁同步电动机的定子的组成是怎样的？

永磁同步电动机的定子与普通电动机的基本相同，由电枢铁心和电枢绕组构成，如图6-2所示。电枢铁心一般采用0.5mm硅钢冲片叠压而成，对于具有高效率指标或频率较高的电动机，为了减少铁耗，可以考虑使用0.25mm、0.27mm、0.3mm、0.35mm的低损耗冷轧无取向硅钢片。

电枢绕组普遍采用短距分布绕组；对于极数较多的电动机，普遍采用分数槽集中绕组；

需要进一步改善电动势波形时,可以考虑采用正弦绕组或其他绕组。

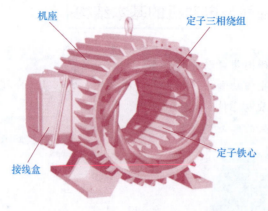

图 6-2 永磁同步电动机的定子结构

问题引导 2： 永磁同步电动机的转子的组成是怎样的？

永磁同步电动机的转子主要由永磁体、转子铁心和转轴等构成,如图 6-3 所示。其中,永磁体主要采用铁氧体永磁和钕铁硼永磁材料;转子铁心可根据磁极结构的不同,选用实心钢或采用钢板、硅钢片冲制后叠压而成。

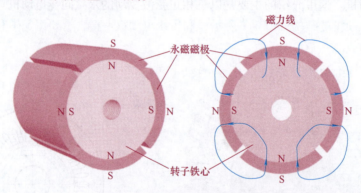

图 6-3 永磁同步电动机的转子结构

与普通电动机相比,永磁同步电动机必须装有转子永磁体位置检测器,用来检测磁极位置,并以此对电枢电流进行控制,达到对永磁同步电动机驱动控制的目的。

按照永磁体在转子上位置的不同,永磁同步电动机的磁极结构可分为表面式和内置式两种。

1. 表面式转子磁路结构

表面式转子磁路结构中,永磁体通常呈瓦片形,并位于转子铁心的外表面上,永磁体提供磁通的方向为径向。表面式结构分为凸出式和嵌入式两种,如图 6-4 所示。对采用稀土永磁材料的电动机来说,由于永磁材料的相对回复磁导率接近 1,所以表面凸出式转子在电磁性能上属于隐极转子结构;而嵌入式转子的相邻两永磁磁极间有着磁导率很大的铁磁材料,故在电磁性能上属于凸极转子结构。

表面凸出式转子结构具有结构简单、制造成本较低、转动惯量小等优点,在矩形波永磁同步电动机和恒功率运行范围不宽的正弦波永磁同步电动机中得到了广泛应用。此外，表面凸出式转子结构中的永磁磁极易于实现最优设计，使之成为能使电动机气隙磁密波形趋近于正弦波的磁极形状，可显著提高电动机乃至整个传动系统的性能。

表面嵌入式转子结构可充分利用转子磁路不对称性所产生的磁阻转矩，提高电动机的功率密度，动态性能较凸出式有所改善，制造工艺也较简单，常被某些调速永磁同步电动机采用，但漏磁系数和制造成本都较凸出式大。

2. 内置式转子磁路结构

内置式结构的永磁体位于转子内部，永磁体外表面与定子铁心内圆之间有铁磁物质制成的极靴，极靴中可以放置铸铝笼或铜条笼，起阻尼或启动作用，动态、稳态性能好，

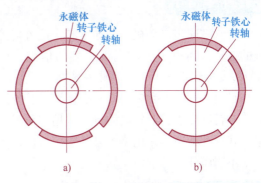

图 6-4 表面式转子磁路结构
a) 凸出式 b) 嵌入式

广泛用于要求有异步启动能力或动态性能高的永磁同步电动机。内置式转子内的永磁体受到极靴的保护，其转子磁路结构的不对称性所产生的磁阻转矩也有助于提高电动机的过载能力或功率密度，而且易于弱磁扩速。

按永磁体磁化方向与转子旋转方向的相互关系，内置式转子结构可分为径向式、切向式和混合式 3 种，如图 6-5 所示。

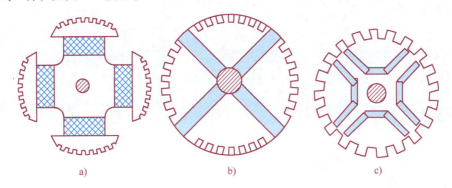

图 6-5 内置式转子结构
a) 内置径向式 b) 内置切向式 c) 内置混合式

径向式转子结构的永磁同步电动机的磁钢或者放在磁通轴的非对称位置上，或同时利用径向、切向充磁的磁钢以产生高磁通密度。该结构的优点是漏磁系数小，转轴上不需要采取隔磁措施，极弧系数易于控制，转子冲片机械强度高，安装永磁体后转子不易变形等。

切向式转子结构的转子有较大的惯性，漏磁系数较大，制造工艺和成本较径向式有所增加。其优点是一个极距下的磁通由相邻两个磁极并联提供，可得到更大的每极磁通。尤其当电动机极数较多、径向式结构不能提供足够的每极磁通时，这种结构的优势就显得更为突出。此外，采用该结构的永磁同步电动机的磁阻转矩可占到总电磁转矩的 40%，对提高电动机的功率密度和扩展恒功率运行范围都是很有利的。

混合式转子结构集中了径向式和切向式的优点，但结构和制造工艺都比较复杂，制造成本也比较高。

问题引导3： 永磁同步电动机的转子位置传感器是怎样工作的？

在永磁同步电动机中，通常转子位置传感器与电动机轴连在一起，用来随时测定转子磁极的位置，为电子换向提供正确的信息。也有例外，如洗衣机用的DD电动机，往往将HALL安装到定子上，永磁体安装在转子上，定子、转子这里其实只是个相对的概念。

目前，PMSM系统的位置传感器有很多种方式，如光电编码式、磁敏式和电磁式等，也有控制精度要求相对较高的场合采用正弦或余弦旋转变压器等位置传感器的，但无论哪种测量方式，其本质都是用来测量转子位置信息的，只是安装的体积、方便程度、成本及可靠性要求不同而已。

问题引导4： 什么是逆变器？

逆变器是将直流电转变为交流电的装置，位置传感器将转子的位置信号电平反馈给控制芯片，控制芯片经过电流采样和数学变换，并根据反馈的位置信息经过闭环运算，重新按新的PWM占空比输出，来触发功率器件（IGBT或MOSFET）。实际上逆变器是自控的，由自身运行来保证电动机的转速和电流输入频率同步，并避免振荡和失步的发生。

学习任务2　永磁同步电动机的工作原理

学习目标： 了解永磁同步电动机的工作原理。
能力目标： 培养学生归纳和学习相关资料的能力；掌握1+X技能标准中"2-1新能源汽车动力　驱动电机、蓄电池技术模块"。
素质目标： 培养学生的工匠精神。

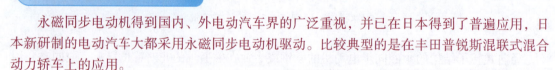

知识准备

永磁同步电动机得到国内、外电动汽车界的广泛重视，并已在日本得到了普遍应用，日本新研制的电动汽车大都采用永磁同步电动机驱动。比较典型的是在丰田普锐斯混联式混合动力轿车上的应用。

丰田普锐斯电动机为交流永磁同步电动机，采用钕磁铁（永磁铁）转子。其特点是输出功率高、低速转矩特性好。THSⅡ的500V最高电压使电动机的输出功率比THS系统（最高电压为274V）提高了1.5倍，即从33kW提高到50kW，而电动机的尺寸保持不变，它是目前世界上单位质量和体积输出功率最大的电动机。在电动机控制方面，中转速范围增加全新的过调制控制技术，保留原来的低速和高速控制方法。通过改进脉冲宽度调制方法，中速范围的输出比原来的最大值增加大约30%。

丰田普锐斯发电机也采用交流永磁同步发电机，向高功率电动机提供充足的电能。发电机高速旋转，以增大输出功率。其采用增加转子强度等措施，将最大功率输出时的转速从6500r/min提高到10000r/min，高转速明显地提高了中转速范围的电力，改善了低转速范围的加速性能。此外，发电机还用作发动机的起动机。起动时，发电机（起动机）驱动分配装置的太阳轮带动发动机旋转。

问题引导1： 永磁同步电动机的驱动电路是怎样的？

永磁同步电动机的驱动电路如图6-6所示，定子绕组产生旋转磁场的机理与感应电动机是相同的，其转子通过永磁铁产生磁场，两个磁场相互作用产生转矩，定子绕组产生旋转的磁场，可看作是一对旋转磁极吸引转子的磁极随其一起旋转。永磁同步电动机带负载时，气隙磁场是永磁体磁动势和电枢磁动势共同建立的，电枢磁动势对气隙磁场有影响，电枢磁动势的基波对气隙磁场的影响称为电枢反应。

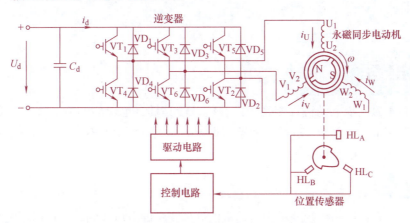

图6-6 永磁同步电动机的驱动电路

问题引导2： 永磁同步电动机的工作原理是怎样的？

永磁同步电动机的工作原理如图6-7所示，图中 n 为电动机转速，n_0 为同步转速，T 为转矩，θ 为功率角，电动机的转子是一个永磁体，N、S极沿圆周方向交替排列，定子可以看成是一个以速度 n_0 旋转的磁场。电动机运行时，定子存在旋转磁动势，转子像磁针在旋转磁场中旋转一样，随着定子的旋转磁场同步旋转。

同步电动机转速可表示为

$$n = n_0 = \frac{60 f_s}{p_n}$$

式中　f_s——电源频率；
　　　p_n——电动机极对数。

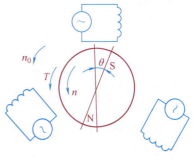

图6-7 永磁同步电动机的工作原理

永磁同步电动机的定子是三相对称绕组，三相正弦波电压在定子三相绕组中产生对称三相正弦波电流，并在气隙中产生旋转磁场。旋转磁极与已充磁的磁极作用，带动转子与旋转磁场同步旋转并力图使定子、转子磁场轴线对齐。当外加负载转矩后，转子磁场轴线将落后定子磁场轴线1个功率角，负载越大，功率角越大，直到1个极限角度，电动机停止工作。由此可见，同步电动机在运行中，转速必须与频率严格成比例旋转，否则会失步停转。所以，它的转速与旋转磁场同步，其静态误差为零。在负载扰动下，只是功率角变化，而不引起转速变化，它的响应时间是实时的。

学习任务3　永磁同步电动机的控制技术

学习目标：了解永磁同步电动机的控制技术。
能力目标：培养学生归纳和学习相关资料的能力；掌握1+X技能标准中"2-1新能源汽车动力　驱动电机、蓄电池技术模块"。
素质目标：培养学生的工匠精神。

知识准备

为了提高永磁同步电动机控制系统的性能，使其具有更快的响应速度、更高的转速精度、更宽的调速范围，其动、静响应能够与直流电动机系统相媲美，人们提出了各种新型控制策略用于永磁同步电动机控制。

问题引导1：什么是恒压频比开环控制？

恒压频比开环控制的控制变量为电动机的外部变量即电压和频率，控制系统将参考电压和频率输入实现控制策略的调制器中，最后由逆变器产生一个交变的正弦电压施加在电动机的定子绕组上，使之运行在指定的电压和参考频率下。按照这种控制策略进行控制，使供电电压的基波幅值随着速度指令成比例地线性增长，从而保持定子磁通的近似恒定，恒压频比开环控制的控制策略简单、易于实现，转速通过电源频率进行控制，不存在异步电动机的转差和转差补偿问题，但同时，由于系统中不引入速度、位置等反馈信号，因此无法实时捕捉电动机状态，致使无法精确控制电磁转矩；在突加负载或者速度指令时，容易发生失步现象；也没有快速的动态响应特性。因此，恒压频比开环控制控制电动机磁通而没有控制电动机的转矩，控制性能差，通常只用于对调速性能要求一般的通用变频器上。

问题引导2：什么是矢量控制？

矢量控制理论的基本思想：以转子磁链旋转空间矢量为参考坐标，将定子电流分解为正交的两个分量，一个与磁链同方向，代表定子电流励磁分量，另一个与磁链方向正交，代表定子电流转矩分量，分别对其进行控制，获得与直流流电动机一样良好的动态特性。矢量控制因其控制结构简单、控制软件实现较容易，已被广泛应用到调速系统中。

永磁同步电动机矢量控制策略与异步电动机矢量控制策略有些不同，由于永磁同步电动机转速和电源频率严格同步，其转子转速等于旋转磁场的转速，转差恒等于零，没有转差功率，控制效果受转子参数影响小，因此，在永磁同步电动机上更容易实现矢量控制。

由于永磁同步电动机输出电磁转矩对应多个不同的交、直流电流组合，不同组合对应着不同的系统效率、功率因数及转矩输出能力，因此永磁同步电动机有不同的电流控制策略。

1）$i_d=0$ 控制。目前，在永磁同步电动机伺服电动机中，$i_d=0$ 矢量控制是主要的控制方式。通过检测转子磁极空间位置 d 轴，控制逆变器功率开关器件导通关断，使定子合成电流位于 q 轴，此时 d 轴定子电流分量为零，永磁同步电动机电磁转矩正比于转矩电流，即正比于定子电流幅值，只需控制定子电流大小就可以很好地控制永磁同步电动机的输出电磁转矩。

2）最大转矩/电流比控制。在电动机输出相同电磁转矩的情况下，使电动机定子电流最小的控制策略，称为最大转矩/电流比控制。

最大转矩/电流比控制实质是求电流极值，可以通过建立辅助方程，采用牛顿迭代法求解，但是计算量较大，在实际应用中系统实时性无法满足。只有通过离线计算出不同电磁转矩对应的交、直流电流，以表格形式存放于 DSP 中，实际运行时根据负载情况查表求得对应的 i_d、i_q 进行控制。

3）弱磁控制。永磁同步电动机弱磁控制来源于他励直流电动机调磁控制。对于他励直流电动机，当其电枢端电压达到最高电压时，为使电动机能运行于更高转速，采取降低电动机励磁电流的方法平衡电压。在永磁同步电动机电压达到逆变器所能输出的电压极限后，要想继续提高转速，也要采取弱磁增速的办法。

永磁同步电动机励磁磁动势由永磁体产生，无法像他励直流电动机那样通过调节励磁电流实现弱磁。传统方法是通过调节定子电流 i_d 和 i_q，增加定子直流去磁电流分量实现弱磁升速，为保证电动机电枢电流幅值不超过极限值，转矩电流分量 i_q 应随之减小，因此这种弱磁控制过程本质上是在保持电动机端电压不变的情况下减小输出转矩的过程。永磁同步电动机直轴电枢反应比较微弱，因此需要较大的去磁电流才能起到去磁增速作用，在电动机工作在额定电流的情况下，去磁电流的增加有限，因此采用这种方法所能得到的弱磁增速范围也是有限的。

图 6-8 是某电动汽车用永磁同步电动机矢量控制系统框图。从图中可知，通过分别比较控制永磁同步电动机的实际电流值 i_d、i_q，与给定电流值 i_d^*、i_q^*，实现其转速和转矩控制，并且 i_d 和 i_q 独立控制，便于实现各种先进的控制策略。

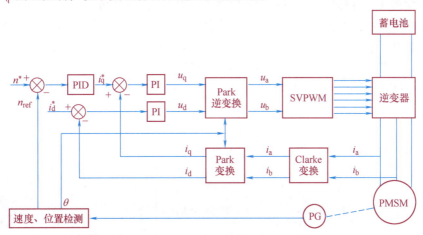

图 6-8　某电动汽车用永磁同步电动机矢量控制系统框图

根据永磁同步电动机具体应用要求的不同，可以采用的控制方法主要有 $i_d=0$ 控制、$\cos\varphi=1$ 控制、恒磁链控制、最大转矩/电流比控制、弱磁控制、最大输出功率控制等。当电动汽车正常行驶时,电动机转速处于基速以下运行,在定子电流给定的情况下,$i_d=0$ 的电磁转矩 $T_e=p_n\Psi_f i_q$,这样只要控制 i_q 的大小就能控制转速和转矩,实现矢量控制。当电动机转速在基速以上时,由于永磁体的励磁磁链为常数,电动机感应电动势随着电动机转速成正比增加,电动机感应电压也跟随提高,但是电动机相电压和相电流的有效值的极限值受到与电动机端相连的逆变器的直流侧电压和逆变器最大输出电流的限制,所以必须进行弱磁升速,通过控制 i_d 来控制磁链,通过控制 i_q 来控制转速,实现矢量控制。在实际控制中,i_d、i_q 不能直接被检测,所以必须通过实时检测到的三相电流和电动机转子位置经坐标变换得到。

矢量控制存在如下的缺陷:

1)转子磁链的准确观测存在一定的难度,转子磁链的计算对电动机的参数有较强的依赖性,因此对参数变化较为敏感。为了克服这一问题,出现了多种参数辨识方法,但这些方法进一步增加了系统的复杂性。

不同相位的测量

2)由于需要进行解耦运算,采用了矢量旋转变换,系统计算比较复杂。

永磁同步电动机矢量控制系统能实现高精度、高动态响应性能和大范围的调速或伺服控制。随着工业领域对高性能伺服系统需求的不断增加,尤其是数控、机器人等方面技术的发展,永磁同步电动机矢量控制系统作为一种相对比较成熟的控制策略具有广阔的应用前景。

问题引导3: 什么是直接转矩控制?

永磁同步电动机直接转矩控制系统原理如图 6-9 所示,系统由永磁同步电动机、逆变器、磁链和转矩计算及扇区判断模块、速度传感器、开关表及调节器模块组成。其工作原理及控制过程如下:通过检测逆变器输出的三相相电流及逆变器直流侧电压,利用坐标变换和系统控制规律可计算出电动机的定子磁链;根据计算的磁链和实测的电流来计算电动机的瞬时转矩;再根据 α、β 轴定子磁链来判别其位置所在的扇区 θ;速度调节器根据转速参考值和实际转速的偏差来确定转矩参考值,并与反馈转矩相比较,得到的偏差经滞环比较器得到转矩的控制信号 τ,电动机的转速可通过光电编码器获得,也可以通过定子磁链的旋转速度估计得到,实现无速度传感器运行;定子磁链参考值与实际值比较后得到的偏差,经同样的滞环比较器产生磁链的控制信号 φ;3 个控制信号 τ、φ、θ 经过开关表选取电压矢量,确定出适当的开关状态,控制逆变器进而驱动永磁同步电动机。

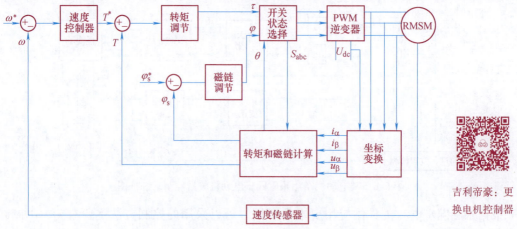

吉利帝豪:更换电机控制器

图 6-9 永磁同步电动机直接转矩控制系统原理图

问题引导4： 什么是智能控制？

为了提高永磁同步电动机的控制性能和控制精度，模糊控制、神经网络控制等各种智能控制开始应用于同步电动机的控制。

采用智能控制方法的永磁同步电动机控制系统，在多环控制结构中，智能控制器处于最外环充当速度控制器，而内环电流控制、转矩控制仍采用 PI 控制、直接转矩控制这些方法，这主要是因为外环是决定系统的根本因素，而内环主要的作用是改造对象特性以利于外环的控制，各种扰动给内环带来的误差可以由外环控制或抑制。

在永磁同步电动机系统中应用智能控制时，也不能完全摒弃传统的控制方法，必须将两者很好地结合起来，才能彼此取长补短，使系统的性能达到最优。

学习任务4　永磁同步电动机的特点及应用

学习目标： 了解永磁同步电动机的特点及应用。
能力目标： 培养学生归纳和学习相关资料的能力；掌握 1＋X 技能标准中 "2-1 新能源汽车动力　驱动电机、蓄电池技术模块"。
素质目标： 培养学生的工匠精神。

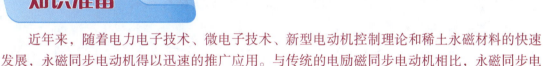

近年来，随着电力电子技术、微电子技术、新型电动机控制理论和稀土永磁材料的快速发展，永磁同步电动机得以迅速的推广应用。与传统的电励磁同步电动机相比，永磁同步电动机，特别是稀土永磁同步电动机具有损耗少、效率高、节电效果明显的优点。

问题引导1： 永磁同步电动机的优点有哪些？

1）用永磁体取代绕线转子同步电动机转子中的励磁绕组，从而省去了励磁线圈、集电环和电刷，以电子换相实现无刷运行，结构简单、运行可靠。

2）永磁同步电动机的转速与电源频率间始终保持准确的同步关系，控制电源频率就能控制电动机的转速。

3）永磁同步电动机具有较硬的机械特性，对于因负载的变化而引起的电动机转矩的扰动具有较强的承受能力，瞬间最大转矩可以达到额定转矩的 3 倍以上，适合在负载转矩变化较大的工况下运行。

4）永磁同步电动机的转子为永磁铁，无须励磁，因此电动机可以在很低的转速下保持同步运行，调速范围宽。

5）永磁同步电动机与异步电动机相比，不需要无功励磁电流，因而功率因数高，定子电流和定子铜耗小，效率高。

6）体积小、质量小。近些年来随着高性能永磁材料的不断应用，永磁同步电动机的功率密度得到很大提高,与同容量的异步电动机相比,体积和质量都有较大的减小,使其适合应用在许多特殊场合。

7)结构多样化,应用范围广。永磁同步电动机由于转子结构的多样化,产生了特点和性能各异的许多品种,从工业到农业、从民用到国防、从日常生活到航空航天、从简单电动机到高科技产品,几乎无所不在。

问题引导2: 永磁同步电动机的缺点有哪些?

1)由于永磁同步电动机转子为永磁体,无法调节,必须通过加定子直轴去磁电流分量来削弱磁场,这会增大定子的电流,增加电动机的铜耗。

2)永磁同步电动机的磁钢价格较高。

由引导问题1和2可见,永磁同步电动机体积小、质量小、转动惯量小、功率密度高(可达1kW/kg)、适合电动汽车空间有限的特点;另外,转矩惯量比大、过载能力强,尤其低转速时输出转矩大,适合电动汽车的起动加速。

问题引导3: 永磁同步电动机的运行特性是怎样的?

永磁同步电动机的运行特性主要包括机械特性和工作特性。

永磁同步电动机稳态正常运行时,转速始终保持同步转速不变,因此,其机械特性为平行于横轴的直线,调节电源频率来调节电动机转速时,转速将严格地与频率成正比变化,如图6-10所示。

永磁同步电动机的工作特性是指当电源电压恒定时,电动机的输入功率 P_1、电枢电流 I_n、效率 η、功率因数 $\cos\varphi$ 等随输出功率变化的关系,如图6-11所示。

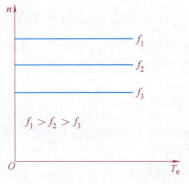

图6-10 永磁同步电动机的机械特性

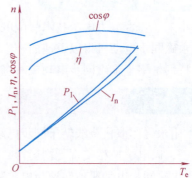

图6-11 永磁同步电动机的工作特性

从图6-11中可以看出,在正常工作范围内,永磁同步电动机的功率因数比较平稳,效率特性也能保持较高的水平。电动机的输入功率和电枢电流近似与输出功率成正比。

问题引导4: 永磁同步电动机的应用有哪些?

2004年,北汽推出了首款B级电动车型——绅宝EV,如图6-12所示。该车的长宽尺寸分别为4861mm、1820mm、1462mm,轴长为2755mm;动力方面,该车搭载了大容量三元体系锂离子动力蓄电池、高效率永磁同步电动机,电动机最大功率输出达40kW,峰值转矩为 127N·m，并匹配电动汽车特有的单档减速器。该车最高车速为 130km/h，满电情况下，最大续驶里程为 150km。绅宝 EV 被北京市授予"2014 年亚太经合组织第三次高官会及相关会议官方指定用车"荣誉铭牌。

图 6-12　北汽绅宝 EV

北汽：驱动电机的更换

宝马 i3 纯电动汽车（图 6-13）是宝马公司的第一款综合了环保技术及功能性创新的量产车，并荣获 2014 年度世界环保车型大奖和 2014 年度世界汽车设计大奖。该车采用后置后驱的布置形式，永磁同步电动机位于后桥后方，最大输出功率为 125kW，最大输出转矩为 250N·m，搭载了一套 22kW·h 的锂离子蓄电池，0—100km/h 的加速时间为 7.2s，最高车速为 150km/h，在一次充满电的情况下，续驶里程为 130～160km。

图 6-13　宝马 i3 纯电动汽车

练习题

一、选择题

1. 下面哪项是矢量控制的缺陷？（　　）
   A. 转子磁链的准确观测不存在难度
   B. 由于需要进行解耦运算，采用了矢量旋转变换，系统计算比较复杂
   C. 转子磁链的计算对电动机的参数没有依赖性
   D. 对参数变化不敏感

2. 下面哪项不是永磁同步电机的缺点？（　　）

A. 永磁同步电动机转子为永磁体，可以调节

B. 无需加定子直轴去磁电流分量来削弱磁场

C. 永磁同步电动机的磁钢价格较高

D. 不会增加电动机的铜耗

二、判断题

1. 永磁同步电动机具有高效、高控制精度、高转矩密度、良好的转矩平稳性及低振动噪声的特点。　　　　　　　　　　　　　　　　　　　　　　　　　　（　　）

2. 永磁同步电动机受到国内外电动汽车界的高度重视，是最具竞争力的电动汽车驱动电机之一。　　　　　　　　　　　　　　　　　　　　　　　　　　（　　）

3. 永磁同步电动机具有体积小、质量小、转动惯量小、功率密度高（可达1kW/kg），适合电动汽车空间有限的特点。　　　　　　　　　　　　　　　　　　（　　）

4. 永磁同步电动机转矩惯量比大、过载能力强，尤其低转速时输出转矩大，适合电动汽车的起动加速。　　　　　　　　　　　　　　　　　　　　　　　（　　）

学习情境七

永磁无刷直流电动机

```
          ┌──────────────┐
          │   永磁无刷    │
          │  直流电动机   │
          └──────┬───────┘
   ┌─────────┬───┴────┬─────────┐
┌──┴──┐  ┌──┴──┐  ┌──┴──┐  ┌──┴──┐
│永磁无│  │永磁无│  │永磁无│  │永磁无│
│刷直流│  │刷直流│  │刷直流│  │刷直流│
│电动机│  │电动机│  │电动机│  │电动机│
│的基本│  │的工作│  │的控制│  │的特点│
│结构  │  │原理  │  │技术  │  │及应用│
└─────┘  └─────┘  └─────┘  └─────┘
```

学习任务 1　永磁无刷直流电动机的基本结构

学习目标：了解永磁无刷直流电动机的基本结构。
能力目标：培养学生归纳和学习相关资料的能力；掌握1+X技能标准中"2-1 新能源汽车动力　驱动电机、蓄电池技术模块"。
素质目标：培养学生的工匠精神。

知识准备

无刷直流电动机（Brushless Direct Current Motor，BLDCM）是一种不使用机械结构换向电刷而直接使用电子换向器的新型电动机。这种电动机在使用中有许多优点，例如能获得更好的转矩转速特性、高速动态响应、高效率、长使用寿命、低噪声、高转速、无换向火花、运行可靠和易于维护等。无刷直流电动机被广泛用于日常生活用具、汽车工业、航空、消费电子、医学电子和工业自动化等装置和仪表上。其中永磁无刷直流电动机在电动车上应用广泛。

问题引导1： 永磁无刷直流电动机的基本结构是怎样的？

永磁无刷直流电动机的基本结构如图7-1所示。

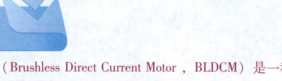

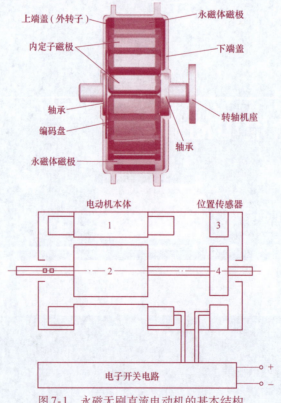

图7-1　永磁无刷直流电动机的基本结构

直流无刷电动机

如图7-2所示，永磁无刷直流电动机采用电力电子逆变器完成直流到交流的转换，即由电子换向取代有刷直流电动机的机械换向。由于没有电刷和换向片，电枢电流的换流时刻将由专门的转子位置传感器来检测，由控制电路根据转子位置来决定电力电子开关的导通与关断。由此可见，永磁无刷直流电动机的运行必须配备相应的控制器，是一种典型的机电一体化电动机，电动机的设计与运行不再仅仅是电和磁，还有相关的电子电路和控制理论知识。永磁无刷直流电动机和永磁有刷直流电动机，在结构上除了有无电刷之外，还有一个重要区别在于，无刷电动机中将电枢和磁极的位置进行了互换，即电枢固定不动放在定子上，而磁极放到旋转的转子上，这样电动机结构简单，便于电子换向的实现。

问题引导2： 永磁无刷直流电动机的转子结构是怎样的？

永磁无刷直流电动机结构与永磁式同步电动机相似，转子是由永磁材料制成一定极对数的永磁体，但不带笼型绕组或其他启动装置，主要有两种结构形式，如图7-3所示：第一种结构是转子铁心外表面粘贴瓦片形磁钢，称为凸极式；第二种结构是磁钢插入转子铁心的沟槽中，称为内嵌式或隐极式。

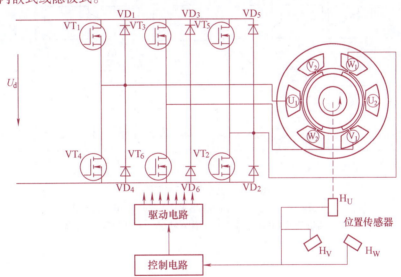

图7-2 永磁无刷直流电动机采用电力电子逆变器

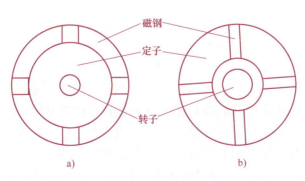

图7-3 永磁无刷直流电动机转子基本结构

问题引导3： 永磁无刷直流电动机的定子电枢绕组的连接方式是怎样的？

永磁无刷直流电动机定子是电动机的电枢。定子铁心中安放着对称的多相绕组，可接成星形或封闭形（角形），各相绕组分别与电子开关电路中的相应晶体管相连接。电子开关电路有桥式和非桥式两种。图7-4所示为常用的几种电枢绕组连接方式，其中图7-4a、b是非桥式开关电路，其他是桥式开关电路。

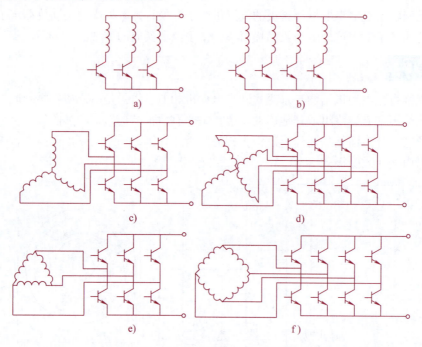

图7-4　电枢绕组连接方式

a）三相星形3状态　b）四相星形4状态　c）三相星形6状态
d）两相正交4状态　e）三相封闭6状态　f）四相封闭4状态

问题引导4： 永磁无刷直流电动机上有哪些传感器？

1. 电磁式位置传感器

这种传感器的结构如图7-5所示，它由定子和转子两部分组成。定子磁心及转子上的扇形部分均由高频导磁材料（如软磁铁氧体）制成，导磁扇形片数等于电动机极对数，放置在不导磁的铝合金圆盘上制成了转子。传感器定子由磁心和线圈组成，磁心的结构特点是中间为圆柱体，安放励磁绕组，外施高频电源励磁。圆周上沿轴向有凸出的极，极上套着信号线圈产生信号电压。可以看出，这实际上是一个有共同励磁绕组的几个开口变压器，扇形导磁片的作用是使开口变压器铁心接近闭合，减少磁阻，使信号线圈感应出较大的电动势。

电磁式位置传感器具有输出信号大、工作可靠、使用寿命长、使用环境要求不高、适应性强、结构简单和紧凑等优点。但这种传感器的信噪比较低（信噪比越低，信号中所含的噪声越大），体积较大，同时其输出波形为交流波形，一般须经过整流、滤波后才可使用。

2. 光电式位置传感器

光电式位置传感器由固定在定子上的几个光电耦合开关和固定在转子轴上的遮光盘组成,如图7-6所示。遮光盘上按要求开出光槽(孔),几个光电耦合开关沿着圆周均布。每只光电耦合开关由相互对着的红外发光二极管(或激光器)和光电管(光电二极管、晶体管或光电池)组成。红外发光二极管(或激光器)通上电后,发出红外光(或激光);当遮光盘随着转轴转动时,光线依次通过光槽(孔),使对着的光电管导通,相应地产生反应转子相对定子位置的电信号,经放大后去控制功率晶体管,使相应的定子绕组切换电流。

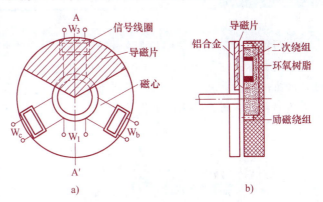

图7-5 电磁式位置传感器

光电式位置传感器产生的电信号一般都较弱,需要经过放大才能去控制功率晶体管。但它输出的是直流电信号,不必再进行整流。

3. 霍尔位置传感器

采用霍尔元件作为位置传感器的永磁无刷直流电动机通常称为霍尔无刷直流电动机。由于无刷直流电动机的转子是永磁的,可以很方便地利用霍尔元件的"霍尔效应"检测转子的位置。图7-7所示为四相霍尔无刷直流电动机原理图。图中,两个霍尔元件H_1和H_2以间隔90°电角度黏于电动机定子绕组A和B的轴线上,并通以控制电流,电动机转子磁钢兼作位置传感器的转子。

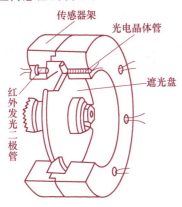

图7-6 光电位置传感器

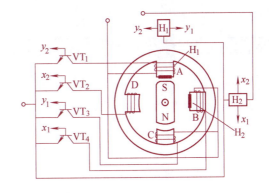

图7-7 四相霍尔无刷直流电动机原理图

当电动机转子旋转时,磁钢N极和S极轮流通过霍尔元件H_1和H_2,因而产生对应转子位置的两个正的和两个负的霍尔电动势,经放大后去控制功率晶体管导通,使4个定子绕组轮流切换电流。

霍尔无刷直流电动机结构简单、体积小,但安置和定位不便,元件片薄易碎,对环境及工作温度有一定要求,耐振性差。

学习任务 2　永磁无刷直流电动机的工作原理

学习目标： 了解永磁无刷直流电动机的工作原理。
能力目标： 培养学生归纳和学习相关资料的能力；掌握 1+X 技能标准中"2-1 新能源汽车动力 驱动电机、蓄电池技术模块"。
素质目标： 培养学生的工匠精神。

知识准备

永磁无刷直流电动机由电动机主体和驱动器组成，是一种典型的机电一体化产品。

问题引导 1： 永磁无刷直流电动机的换向原理是怎样的？

永磁无刷直流电动机主要由用永磁材料制造的转子、带有线圈绕组的定子和位置传感器（可有可无）组成。在图 7-8 中，当两头的线圈通上电流时，会产生方向指向右的外加磁感应强度 B（如箭头方向所示），而中间的转子会尽量使自己内部的磁力线方向与外磁力线方向保持一致，以形成一个最短闭合磁力线回路，这样内转子就会按顺时针方向旋转。

磁场与外部磁场方向一致时，转子所受磁力最大。但此时转子呈水平状态，转子力臂为 0。虽然转子不再受到转动力矩的作用，但由于惯性，还会继续顺时针转动。这时若改变两头线圈中的电流方向，转子就会继续顺时针向前转动，如图 7-9 所示。

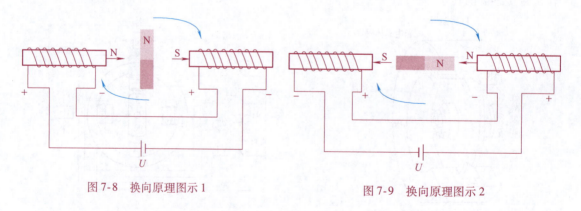

图 7-8　换向原理图示 1　　　　　图 7-9　换向原理图示 2

如此不断改变两头线圈中的电流方向，内转子就会不停地转起来。改变电流方向的这一动作称为换向（Commutation）。换向时刻只与转子的位置有关，与转速无关。

问题引导 2： 永磁无刷直流电动机的工作原理是怎样的？

永磁无刷直流电动机要转动，须先根据转子位置传感器的输出信号确定转子位置。然后通过电子换相电路去驱动电动机本体使电枢绕组依次馈电，从而在定子上产生旋转的磁场，驱动永磁转子转动。

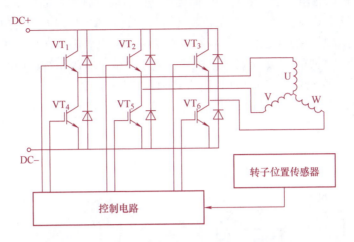

图 7-10 永磁无刷直流电动机的控制框图

永磁无刷直流电动机的控制框图如图 7-10 所示。定子三相绕组是相差 120°对称分布的。图 7-10 中三相绕组是星形联结的。其中，6 个功率管的开关由控制电路根据转子位置来决定。可以通过控制电路控制 $VT_1 \sim VT_6$ 6 个开关管的开关顺序，来调整电动机线圈的通电顺序，以实现电动机的换相操作，使电动机运转起来。

图 7-11 所示为绕组星形联结的接线图。整个电动机就引出 3 根线 A、B、C，当它们之间两两通电时，有 6 种情况，分别是 AB、AC、BC、BA、CA 和 CB。图 7-12 分别描述了这 6 种情况下每个通电线圈产生的磁感应强度的方向（短箭头表示）和两个线圈的合成磁感应强度的方向（长箭头表示）。

在图 7-12a 中，AB 相通电，中间的转子（图中未画出）会尽量往长箭头方向对齐。当转子到达图 7-12a 中长箭头位置时，外线圈换相，改成 AC 相通电。这时转子会继续运动，并尽量往图 7-12b 中的长箭头处对齐。当转子到达图 7-12b 中箭头位置时，外线圈再次换相，改成 BC 相通电，以此类推。当外线圈完成 6 次换相时，内转子正好旋转 1 周（即 360°）。

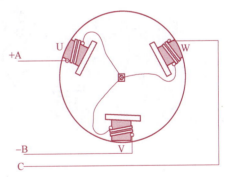

图 7-11 绕组星形联结的接线图

图 7-12 讲的只是原理，实际操作的时候不会让转子转到与定子磁场方向对齐，而是定子主磁场方向一直超前转子磁场一定的角度，这样才会使转矩较大。一般利用霍尔传感器检测位置时，会 60°换相（磁场跳跃 60°）1 次，换相后定子主磁场方向超前转子磁场 120°，由于转子受到定子磁场的作用，转子会向定子磁场对齐的方向旋转，从与定子主磁场方向 120°转动 60°到两者夹角为 60°，这样可以使产生最大转矩的垂直位置正好处于本次通电的中间时刻。然后，定子主磁场再次向前跳跃 60°，这样转子又会慢慢跟上来，如此往复就可实现 BLDCM 的连续转动。图 7-13 所示为换相前和换相后的定子和转子磁场位置。

由以上分析可以看出,永磁磁动势方向随着转子旋转在连续不断地变化,而电枢磁动势的方向并不是连续不断地变化,而是在做跳变,每次跳跃60°,在1个电角度周期内,只有6个位置,因此这种控制方式也称为三相6状态法。还可以看出,在任一时刻,只有两只管子导通,1个属于上桥臂,另1个属于下桥臂;电枢中也只有两相绕组中有电流;每个连续导通120°后关断,因此还可以称这种控制方式为两两导通120°型。除此之外,永磁无刷直流电动机的控制方式还有三三导通180°型和两三轮流导通150°型,但两两导通120°用得最多,这里不做详细阐述。

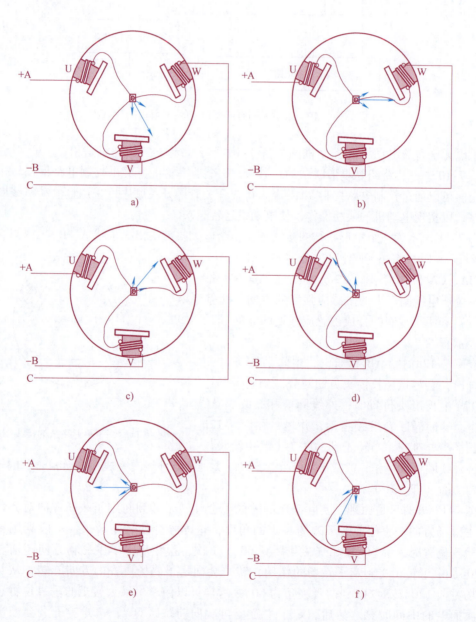

图7-12 星形联结两两通电的6种情况
a) AB相通电 b) AC相通电 c) BC相通电 d) BA相通电 e) CA相通电 f) CB相通电

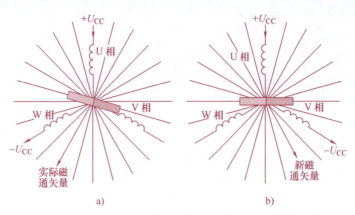

图 7-13 换向前后的情况
a) 换向前　b) 换向后

总结以上对永磁无刷直流电动机工作原理的分析,可以得出以下结论:
1) 在 1 个电角度周期内,三相定子绕组在空间共产生 6 个电枢合成磁动势位置。
2) 转子每转过 60° 的电角度,定子绕组就换流 1 次,相应的电枢磁动势就跳变 1 次。
3) 在这 6 个连续跳变的电枢磁动势作用下,转子永磁磁动势随转子旋转。
4) 尽管电枢合成磁动势是跳变的,它与永磁磁动势的夹角在 60°~120° 变化,但从平均意义上来看,这两者是相对静止并且是相互垂直的,这表明永磁无刷直流电动机具有和直流电动机相同的电磁关系,从而决定了其机械特性和调速性能与直流电动机的相似性。

位置传感器必须正确摆放才能准确检测到转子位置,三相电动机最少需要 3 个位置传感器,总共有 8 种输出可能,去掉全 1 和全 0,6 种输出正好对应永磁磁动势的 6 个位置。确定的原则是 H 的上跳沿决定 A 相开始正向导通,H_A 的下跳沿决定 A 相开始反向导通,同理对应于 H_B 和 H_C,这样应将 H_A 放在 B 相磁动势的轴线上,H_B 放在 C 相磁动势的轴线上,H_C 放在 A 相磁动势的轴线上。三相 6 状态工作方式换向真值表见表 7-1。

表 7-1 三相 6 状态工作方式换向真值表

	顺序	1	2	3	4	5	6
位置传感器输出	H_A	1	1	1	0	0	0
	H_B	0	0	1	1	1	0
	H_C	1	0	0	0	1	1
相电流	I_A	+	+		−	−	
	I_B	−		+	+		−
	I_C		−	−		+	+
状态名		AB	AC	BC	BA	CA	CB

1. 三相非桥式星形联结

图 7-14 所示为采用非桥式晶体管开关电路驱动两极星形三相绕组,并带有电磁式位置传感器的永磁无刷直流电动机转子位置传感器的励磁线圈,由高频振荡器供电,通过导磁片的作用使信号线圈获得较大的感应电压,并经整流、放大加到开关电路功率管的基极上使该管导通。因而与该管串联的定子绕组与外电源接通。

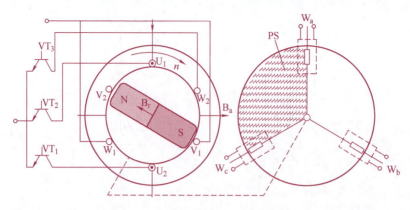

图 7-14 永磁无刷直流电动机工作原理

由于导磁片与电动机转子同轴旋转,所以信号线圈 W_a、W_b、W_c 依次得电,3 个功率管依次导通,使定子三相绕组轮流通电。

当电动机转子处于图 7-14 瞬时,位置传感器 PS 的扇形导磁片位于图示位置处,它的信号线圈 W_a 开始与励磁线圈相耦合,便有信号电压输出,其余两个信号线圈 W_b、W_c 的信号电压为 0。线圈 W_a 供出的信号电压使晶体管 VT_1 开始导通,而晶体管 VT_2、VT_3 截止。这样,电枢绕组 B_r 有电流通过,电枢磁场 B_a 的方向如图中所示。电枢磁场与永磁转子磁场相互作用就产生转矩,使转子按顺时针方向旋转。

当电动机转子在空间转过 $2\pi/3$ 电角度时,位置传感器的扇形片也转过同样角度,从而使信号线圈 W_b 开始有信号电压输出,W_a、W_c 的信号电压为 0。W_b 输出的信号电压便使晶体管 VT_2 开始导通,晶体管 VT_1、VT_3 截止,这样电枢绕组 B_r 有电流通过,电枢磁场 B_a 的方向如图 7-15a 所示。电枢磁场 B_a 与永磁转子磁场相互作用所产生的转矩,使转子继续沿顺时针方向旋转。

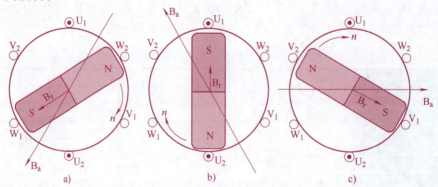

图 7-15 电刷磁场与转子磁场间的相对位置

若转子继续转过 $2\pi/3$ 电角度,回到原来的起始位置,如图 7-15c 所示,通过位置传感器将重复上述的换流情况,如此循环下去,无刷直流电动机在电枢磁场与永磁转子磁场的相互作用下,能产生转矩并使电动机转子按一定的转向旋转。可以看出,在三相非桥式星形无刷直流电动机中,当转子转过 2π 电角度时,定子电枢绕组共有 3 个通电状态。每一状态仅有一相导通,定子电流所产生的电枢磁场在空间跳跃着转动,相应地在空间有 3 个不同的位置，称为 3 个磁状态。每一状态持续 $2\pi/3$ 电角度，这种通电方式称为一相导通三相星形三状态。每一晶体管导通时转子所转过的空间电角度称导通角 α_c。显然，转子位置传感器的导磁扇形片张角 α_p 至少应该等于导通角 α_c。通常为了保证前、后两个导通状态之间不出现间断，就需要有个短暂的重叠时间，必须使 α_p 略大于 α_c。电枢磁场在空间保持某一状态时转子所转过的空间电角度，即定子上前后出现的两个不同磁场轴线间所夹的电角度称为磁状态角，或称状态角，用 α_m 表示。

三相非桥式星形无刷直流电动机各相绕组与各晶体管导通顺序的关系见表 7-2。可以看出，由于一个磁状态对应一相导通，所以角 α_c 和 α_m 都等于 $2\pi/3$。当电动机是 p 对磁极时，位置传感器转子沿圆周应有 p 个均布的导磁扇形片，每个扇形片张角 $\alpha_p \geq 2\pi/(3p)$。无刷直流电动机三相非桥式星形联结时各相相电压波形如图 7-16 所示。

表 7-2　三相非桥式星形永磁无刷直流电动机各相绕组与各晶体管导通顺序的关系

电角度	$2\pi/3$	$4\pi/3$	2π
定子绕组的导通角位置	A	B	C
导通的晶体管	VT_1	VT_2	VT_3

2. 三相桥式星形联结

若定子绕组仍为三相，而功率晶体管接成桥式开关电路（图 7-17），相应的位置传感器原理如图 7-18 所示，三相电枢绕组与各晶体管导通顺序的关系见表 7-3。可以看出，电动机应有 6 个通电状态，每一状态都是两相同时导通，每个晶体管导通角仍为 $\alpha_c = 2\pi/3$，位置传感器扇形片张角 $\alpha_p > 2\pi/(3p)$。

电枢合成磁场是由通电的两相磁场合成的。它在空间也相应有 6 个不同位置，磁状态角 $\alpha_m = \pi/3$。三相桥式星形电路的通电方式称为两相导通星形三相 6 状态，即 VT_1VT_6 （A+C−）→ VT_6VT_2 （B+C−）→ VT_2VT_4 （B+A−）→ VT_4VT_3 （C+A−）→ VT_3VT_5 （C+B−）→ VT_5VT_1 （A+B−）→ VT_1VT_6 （A+C−）。

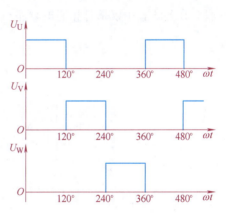

图 7-16　三相非桥式星形联结时各相相电压波形

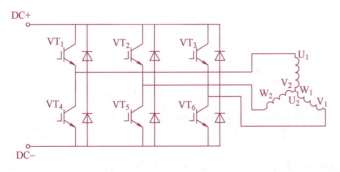

图 7-17　桥式开关电路

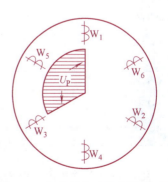

图 7-18　相应的位置传感器原理图

表 7-3　星形联结的三相电枢绕组与各晶体管导通顺序的关系

电角度	0	$\frac{\pi}{3}$	$\frac{2\pi}{3}$	π	$\frac{4\pi}{3}$	$\frac{5\pi}{3}$	2π
导电顺序	A	A	A	B	B	C	C
	B	C	C	C	A	A	B
VT$_1$	←导通→	←导通→					
VT$_2$				←导通→	←导通→		
VT$_3$						←导通→	←导通→
VT$_4$				←导通→	←导通→		
VT$_5$	←导通→					←导通→	←导通→
VT$_6$		←导通→	←导通→				

3. 三相封闭用桥式接法

三相式定子绕组只能与桥式晶体管开关电路相组合。图 7-19 所示为三相封闭形（三角形）桥式开关电路。三相电枢绕组与各晶体管导通顺序的关系见表 7-4。可以看出，它与星形联结的区别在于任何磁状态中电枢绕组全部通电，总是某两相绕组串联后再与另一相绕组并联。在各状态中仅是各相通电顺序与电流流过的方向不同。

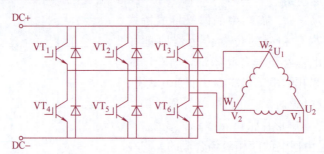

图 7-19　三相封闭形桥式开关电路

表 7-4　三角形联结的三相电枢绕组与各晶体管导通顺序的关系

电角度	0	$\frac{\pi}{3}$	$\frac{2\pi}{3}$	π	$\frac{4\pi}{3}$	$\frac{5\pi}{3}$	2π
导电顺序	A	C	B	A	C	B	
	C→B	A→B	A→C	B→C	B→A	C→A	
VT$_1$	←导通→						
VT$_2$						←导通→	
VT$_3$			←导通→				
VT$_4$				←导通→			
VT$_5$		←导通→					
VT$_6$					←导通→		

电枢合成磁场是由通电的三相磁场合成的。图 7-20 所示为 B 相绕组与 C 相绕组串联再与 A 相绕组并联，电流由 B 相流向 C 相（符号为 A∥BC）时的磁密向量图。可见，定子合

成磁密 B_A 的幅值等于每相磁密幅值的 1.5 倍,三相封闭形桥式接法也有 6 个通电状态,磁状态角 $\alpha_m = \pi/3$,导通角 $\alpha_c = 2\pi/3$,位置传感器导磁扇形片张角 $\alpha_p \geq 2\pi/(3p)$,这些都与三相桥式星形联结相同。三相封闭形桥式电路的通电方式也称为封闭形三相6状态,即
$VT_1VT_6[A/\!/(C\to B)]\to VT_6VT_2[B/\!/(C\to A)]\to VT_2VT_4[C/\!/(B\to A)]\to VT_4VT_3[A/\!/(B\to C)]\to VT_3VT_5[B/\!/(A\to C)]\to VT_5VT_1[C/\!/(A\to B)]\to VT_1VT_6[A/\!/(C\to B)]$。

永磁无刷直流电动机的转子采用永磁体励磁产生直轴位置的励磁磁场,而定子电枢绕组通过功率控制器控制各相绕组的通断状态,由于定子电枢绕组通断状态的组合方式是有限的,因此定子电枢绕组产生的电枢磁场位置也是有限的,不可能像交流感应电动机一样产生幅值恒定又连续旋转的定子磁场,所以永磁无刷直流电动机定子绕组产

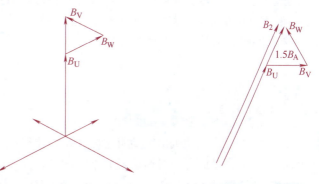

图 7-20 磁密向量图

生的磁场必定是跳跃式前进的(也称步进式的),这是不同于直流电动机和交流电动机电枢磁场运动的特征之一。但是,这种跳跃式前进的磁场仍然要与转子磁场保持相对同步。如果定子磁场相对于转子磁场始终超前 90°电角度左右范围内运动,那么定子电枢磁场总是吸引转子永磁励磁磁场,它们之间能够产生正的平均电磁转矩。虽然定转子磁场之间存在相对运动,但是转子能够不停地跟随定子磁场正向旋转,同样,如果定子磁场在相对于转子磁场滞后 90°电角度左右范围内运动,那么定子电枢磁场同样能吸引转子永磁励磁磁场,它们之间也能够产生负的平均电磁转矩。虽然定转子磁场之间存在相对运动,但不会影响转子跟随磁场反向旋转。否则,定子电枢磁场与转子励磁磁场之间的相对运动将导致产生的平均电磁转矩很小甚至为 0,不能驱动负载连续运行,最终转子停止不动,这种情况称为失步。

总之,要保持定转子磁场产生恒定的平均电磁转矩,必须保证定转子磁场在空间保持相对静止。这种相对静止有两层含义:一是恒定的平均电磁转矩而不是恒定的瞬时电磁转矩,即瞬时转矩可以变化,但总体上存在一定大小的平均值,这种电磁转矩瞬时变化由具有机械惯性的转子起到平滑作用,即转矩波动随着转子转动惯量增大而减小;二是定子、转子磁场在空间保持相对静止而不是保持相互之间的绝对静止,即使瞬时定子、转子磁场之间存在相对运动,但总体上始终保持同步以产生恒定的平均电磁转矩。

还有一种没有转子位置传感器的永磁无刷直流电动机,它的控制电路与有位置传感器的情况一样,它是通过检测反电动势来确定转子位置的,如图 7-21 所示。

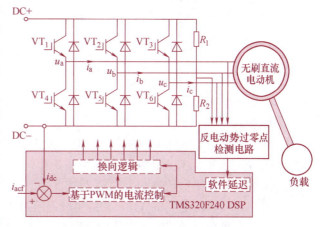

图 7-21 无位置传感器永磁无刷直流电动机框图

学习任务3　永磁无刷直流电动机的控制技术

学习目标：了解永磁无刷直流电动机的控制技术。
能力目标：培养学生归纳和学习相关资料的能力；掌握1+X技能标准中"2-1新能源汽车动力　驱动电机、蓄电池技术模块"。
素质目标：培养学生的工匠精神。

知识准备

永磁无刷直流电动机由电动机主体和驱动器组成，是一种典型的机电一体化产品。电动机的定子绕组多做成三相对称星形联结，同三相异步电动机十分相似。

问题引导1：永磁无刷直流电动机的调速系统是怎样的？

速度闭环控制的无刷直流电动机调速系统框图如图7-22所示。电动机的位置传感器提供电动机的位置信号并以此计算出电动机的速度，控制系统中的速度调节器ASR根据电动机实际运行速度和速度指令得出电流的命令值。

控制系统的电流调节器ACR根据电流反馈值及其命令值计算出电压型逆变器输出的脉冲占空比，经过PWM单元后产生0、1开关信号，并且经由逻辑控制单元最终产生图7-22中6个IGBT开关器件的开关信号。永磁无刷直流电动机工作时，必须基于转子位置信号，通过逆变器对电动机电枢绕组实施电子换相，才能在气隙中产生合适的步进式旋转磁场，该磁场与永磁式转子相互作用，从而驱动永磁无刷直流电动机旋转。

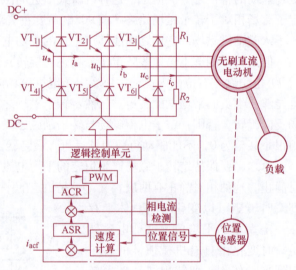

图7-22　永磁无刷直流电动机调速系统框图

1. 调速换向原理分析

以电动机转子位于扇区1为例，通过对永磁无刷直流电动机工作原理分析可以得知，电动机的A相绕组反电动势为正向平顶区域，B相绕组反电动势为负向平顶区域，控制系统根据转子的位置信号可以获知此信息。此时为了控制电动机输出较大的转矩，应该使电动机A、B绕组分别流过正、负向电流，而C相没有电流，这一点可以通过控制逆变器的VT_1、VT_2的导通，其他开关器件关断来实现。这种情况下，A、B两相定子绕组产生的合成磁动势F如图所示，该

不同速度的测量

磁动势超前转子永磁体120°，在接下来转子移动的60°电角度的过程中，定子三相绕组的通电模式保持不变。当电动机转子进入扇区2以后，逆变器导通方式发生变化，其中VT_6换相到VT_2即发生所谓的横向换相，这种换相模式不会像逆变器在180°导通型方式下的纵向换相那样较易发生直通短路现象，因而工作方式更为安全。图7-22中的逻辑控制单元就是根据PWM信号和图7-23中电动机转子的位置，分配逆变器6个半导体开关器件的开关信号。

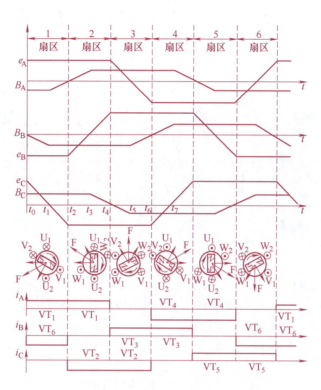

图7-23　永磁无刷直流电动机绕组通电原理图

2. 逆变器的PWM调制模式

不同类型的PWM调制模式如图7-24所示。其中，图7-24a～d属于单侧调制模式，图7-24e为双侧调制模式，图7-24f为全导通模式。不同PWM调制模式中电动机换相过程中的转矩脉动是不同的。

3. 弱磁控制

当逆变器可以向电动机提供足够的电压和电流时，电子式换向器的开关状态在电动机转子旋转60°电角度的范围内保持不变。在此过程中，定子合成磁动势与转子位置角度的差值从120°减小到60°，从平均值意义上说，可以认为定子合成磁动势和转子磁动势相互垂直，从而产生较大的转矩。但是当电动机运行速度较高或逆变器直流侧电压较低时，逆变器难以向电动机提供所需的电流，因此待导通的定子绕组必须提前导通一定的时间，此时相电流超前反电动势，因而会产生一个去磁电流分量，即进行弱磁控制。提前导通角不可太大，一般会控制在60°以内。

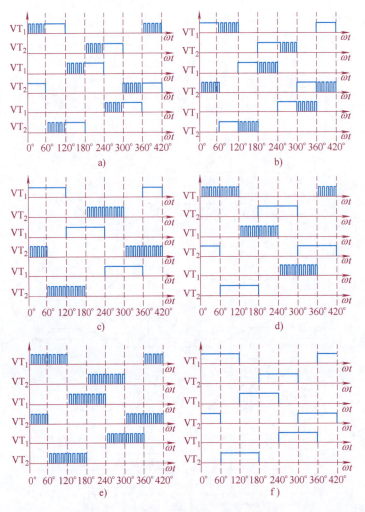

图 7-24 不同类型的 PWM 调制模式

不同档位的测量

问题引导 2： 永磁无刷直流电动机的无位置传感器控制技术是怎样的？

根据前述分析可知，转子位置信号对控制逆变器开关管的切换，实现定子电流和反电动势的相位控制至关重要，所以转子位置信息的获得是实现永磁无刷直流电动机控制的关键之一。

一般场合中，通常采用安装在电动机定子侧的霍尔开关型磁敏元件提供电动机转子的位置信息，但位置传感器的引入增加了电动机成本。对于容量在数百瓦以下的永磁无刷直流电动机，常用的霍尔 IC 位置传感器的成本通常为电动机本体的 30% 左右。位置传感器的使用势必会带来更多的信号线，当电动机需要封闭运行时，这些连接线都是不利因素；较多的信号线易受到干扰，降低系统的抗干扰性。在电动汽车空调、水泵等一些高温、冷冻或腐蚀性环境的场合，传感器的可靠性也会降低，甚至常出错或根本无法工作。

为此，研究永磁无刷直流电动机调速系统的无传感器控制技术是永磁无刷直流电动机应用中的热点之一，目前已经有反电动势过零法、定子三次谐波电压检测等多种实用的无位置传感器控制技术，并有国际整流器（IR）等公司开发的永磁电动机无传感器控制的商用集成芯片。

1. 常用的永磁无刷直流电动机无传感器控制技术

（1）反电动势过零点检测法　反电动势过零点检测法是目前最常用、实现最简单的一种无位置传感器运行方式，尤其是在家电领域。这种方法较适用于三相绕组Y联结，电动机绕组两两导通的情况。其原理为：在永磁无刷直流电动机稳态运行，忽略电动机电枢反应的前提下，通过检测关断相绕组反电动势的过零点来获得永磁转子的位置信息，并以此得到电动机的换相信息，从而控制电动机三相绕组相电流的切换，实现电动机的运转。反电动势过零法的电路如图7-25所示，通常是测量电动机三相绕组端部的电压，再通过积分器或低通滤波器来得到转子位置信息，电路中各关键点的波形如图7-26所示。

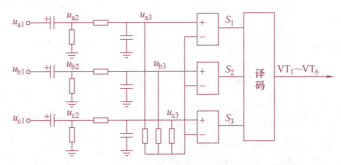

图7-25　反电动势过零点法的电路

测出的定子端部电压 u_{a1}、u_{b1}、u_{c1} 包含了 PWM 电路的斩波信号，积分器不仅可以滤掉电压毛刺，还可以产生不受限于转子速度的换相信号。换相点通常发生在反电动势过零点 30°电角度，借助于单片机或 DSP 的内部计数器可以方便地确定换相点，还可以通过软件扩大该方法的适用范围。端电压检测法技术成熟，工作可靠，是最为实用的一种永磁无刷直流电动机无位置传感器转子位置检测方法。该方法是基于对电动机断开相端电压的检测，即相当于对非导通期反电动势的检测。但是，该方法需要引入一个在整个工作频率范围内都要求具有恒定相移的无源低通滤波器，设计出完全满足这种要求的滤波器比较困难。低通滤波器消除了高频噪声，同时也为定子电流换相带来了相位延迟。而且，从根本上说，该方法实际检测的是绕组反电动势，由于反电动势的幅值大小与电动机的转速成正比，所以在低速时，反电动势信号很难检测到。在电动机起动时，可以首先使用开环同步电动机模式运行以产生一定的初速度，然后切换到基于反电动势过零法的无刷模式运行。

（2）反电动势三次谐波积分检测法　反电动势三次谐波积分法适用于120°导通、三相Y绕组的永磁无刷直流电动机的转子位置检测。图7-27给出了该方法的电路。可以看出在Y电动机绕组上，并联一个Y电阻网络，

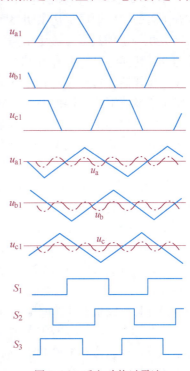

图7-26　反电动势过零法电路中各关键点的波形

阻值为 R_2 的 3 个电阻构成了星形网络，公共端记为 n，可以称其为电动机的"假中性点口"，另有两个电阻 R_1 串联后连接在直流母线上，构成直流母线中点电位参考点 h，实际电动机绕组的中性点记为 s。

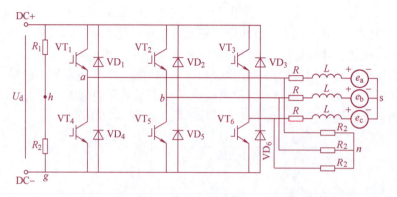

图 7-27　基于反电动势三次谐波积分检测法的电路

通过电阻网络中性点 n 与直流侧中点 h 之间的电压 u_{ah} 来获得三次谐波，省去了电动机绕组与电阻网络两中性点之间的连线。这种位置检测方法与利用反电动势过零点检测方法相比，具有更宽广的调速范围，但需要采用开环方式启动。

图 7-28 给出了该方法中各物理量波形和各开关管的切换顺序。从中明显可以看出，三次谐波积分值的过零点决定了逆变器各开关器件的开关切换时刻，上升沿的过零点决定了逆变器上桥臂器件的导通时刻，下降沿的过零点决定了逆变器下桥臂器件的导通时刻。与反电动势过零点检测法相比，三次谐波积分法和电动机速度、负载情况无关，受逆变器引起的干扰影响小，对滤波器要求低，移相误差小，有

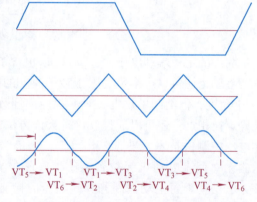

图 7-28　反电动势三次谐波
积分过零法各物理量波形

更宽的调速范围。在低速时，三次谐波信号依然可以检测到，而反电动势过零点检测法在低速时的性能则大大降低。

2. 永磁无刷直流电动机常用无传感器控制芯片

（1）ML4428 芯片　ML4428 芯片是 Micro Linear 公司开发的用于三角形和星形联结的永磁无刷直流电动机控制器。该芯片采用 28 脚 DIP/SOIC 封装，工作电压为 12V，可直接驱动 MOSFET 器件以驱动永磁无刷直流电动机。该芯片采用反电动势过零点检测法实现无传感器控制，并且可以根据外部电压参考值进行电动机的调速控制。

（2）ST7MC1 芯片　ST7MC1 芯片是 ST 公司开发的用于正弦波和梯形波永磁电动机的控制芯片。该芯片有 6 路 PWM 输出通道，用于转子位置检测的 4 路模拟输入通道可以接受无传感器、霍尔传感器、测速电动机和编码器等 4 种工作模式，芯片采用 SDIP/TQFP32 封装，5V 电压供电，工作频率低于 8MHz，且芯片具有良好的电磁兼容性能。

此外，永磁无刷直流电动机的无传感器控制芯片也可以选用 IRMCK203 等用于正弦波无传感器控制的专用控制芯片。

学习任务 4　永磁无刷直流电动机的特点及应用

学习目标： 了解永磁无刷直流电动机的特点及应用。
能力目标： 培养学生归纳和学习相关资料的能力；掌握 1+X 技能标准中"2-1 新能源汽车动力　驱动电机、蓄电池技术模块"。
素质目标： 培养学生的工匠精神。

知识准备

永磁无刷直流电动机指无电刷和换向器（或集电环）的电动机，又称无换向器电动机。早在 19 世纪诞生电动机的时候，产生的实用性电动机就是无刷形式，即交流笼型异步电动机，这种电动机在当时得到了广泛的应用。但是，异步电动机有许多无法克服的缺陷，以致电动机技术发展缓慢。20 世纪中叶诞生了晶体管，采用晶体管换向电路代替电刷与换向器的无刷直流电动机应运而生。这种新型无刷电动机称为电子换向式直流电动机，它克服了第一代无刷电动机的缺陷。

问题引导 1： 永磁无刷直流电动机有哪些特点？

1. 永磁无刷直流电动机的优点

无刷直流电动机转子采用永磁体，不需要励磁。其优点为功率因数高、功率密度大、效率高、低速转矩大，在低速时可以达到理论转矩输出，起动转矩可以达到额定转矩的两倍；高速性能良好，转速不受电压与负载变化的影响，转速范围可以由几十转到十万转，转速控制精度高；在电磁性能、磁场衰退等方面的性能都优于其他种类的电动机；无换向器和电刷、结构简单牢固、尺寸和质量小、基本免维护。

2. 永磁无刷直流电动机的缺点

永磁无刷直流电动机的控制系统比较复杂，励磁不能控制，机械特性较硬，不具有绕组式直流电动机的机械特性；如果逆变器输出波形不理想，会出现较大的转矩脉动，影响电动机的低速性能，电流损耗大，噪声较大；永磁体材料受到高温时，会发生退磁现象；由于永磁体的作用，转子在高速旋转时电动机会产生与转速成正比的反电动势，并通过逆变器反接二极管施加在高压母线上，此种方式会造成一定的安全隐患。

问题引导 2： 永磁无刷直流电动机的运行特性是怎样的？

永磁无刷直流电动机的运行可分为 4 种状态：正转电动、反转电动、正转制动和反转制动。逆变器功率器件的 6 种导通组合状态产生 6 个定子磁动势，每两个相差 60°。定子磁动势向量图如图 7-29 所示。

当电动机正转（顺时针方向）电动时，以产生最大的正向平均电磁转矩为原则，定子电枢合成磁动势 F_a 应顺时针超前转了 $F_j 60° \sim 120°$，即当 F_j 处于区间 4 时，定子磁动势应为 F_a4，导通 VT_3 和 VT_4；当 F_j 处于区间 5 时，定子磁动势应为 F_a5，导通 VT_4 和 VT_5，具体对应关系见表 7-5 和表 7-6。

当电动机正转制动时，则以产生最大的负向平均转矩为原则，定子电枢合成磁动势 F_a 应顺时针滞后转子 $F_j 60° \sim 120°$，当 F_j 处于区间 2 时，定子磁动势应为 F_a5，导通 VT_4 和 VT_5；当 F_j 处于区间 3 时，定子磁动势应为 F_a6，导通 VT_5 和 VT_6，具体对应关系见表 7-5 和表 7-6。

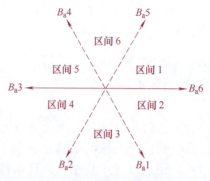

图 7-29 定子磁动势向量图

表 7-5 四象限运行 F_a 与 F_j 的对应关系

运行状态	区间 1	区间 2	区间 3	区间 4	区间 5	区间 6
正转电动	F_a1	F_a2	F_a3	F_a4	F_a5	F_a6
正转制动	F_a4	F_a5	F_a6	F_a1	F_a2	F_a3
反转电动	F_a4	F_a5	F_a6	F_a1	F_a2	F_a3
反转制动	F_a1	F_a2	F_a3	F_a4	F_a5	F_a6

表 7-6 定子合成磁动势与功率器件导通的对应关系

定子合成磁动势	F_a1	F_a2	F_a3	F_a4	F_a5	F_a6
导通的功率器件	VT_1 和 VT_2	VT_2 和 VT_3	VT_3 和 VT_4	VT_4 和 VT_5	VT_5 和 VT_6	VT_6 和 VT_1

同理，当电动机反转电动时，电枢合成磁动势 F_a 逆时针超前转子 $F_j 60° \sim 120°$；当电动机反转制动时，定子电枢合成磁动势 F_a 逆时针滞后转子 $F_j 60° \sim 120°$。

由以上分析可知，当永磁无刷直流电动机正转时，功率器件的导通顺序为 VT_6—VT_1—VT_2—VT_3—VT_4—VT_5—VT_6；当永磁无刷直流电动机反转时，功率器件的导通顺序为 VT_1—VT_6—VT_5—VT_4—VT_3—VT_2—VT_1；当永磁无刷直流电动机正转制动时，功率器件的导通顺序为 VT_1—VT_6—VT_5—VT_4—VT_3—VT_2—VT_1；当永磁无刷直流电动机反转制动时，功率器件的导通顺序为 VT_6—VT_1—VT_2—VT_3—VT_4—VT_5—VT_6。

永磁无刷直流电动机的机械特性较硬，具有和普通直流电动机同样的控制性能，可以通过调节供电电压实现无级调速，调节电枢电流达到控制转矩的目的。

问题引导 3： 如何选择合适的电动机参数？

为应用选择正确的电动机类型很重要，必须根据负载特性选择参数正确的电动机。为给定应用选择电动机要考虑的 3 个参数是应用所需的峰值转矩、RMS 转矩和工作转速范围。

1. 峰值转矩（T_P）

该应用所需要峰值（或者说最大值）转矩可以通过将负载转矩（T_L）、惯性转矩（T_J）和克服摩擦所需的转矩（T_F）相加得到。

还有一些因素会对峰值转矩的总体要求有影响。例如，气隙中的空气电阻造成的电阻损

失。考虑因素的具体影响是很复杂的。计算转矩时要留出20%的安全裕度，即

$$T_P = (T_L + T_J + T_F) \times 1.2 \tag{7-1}$$

惯性转矩（T_J）是将负载从静止加速，或者从低速加速到高速所需的转矩。这可以通过将包括转矩惯量在内的负载惯量和负载加速度相乘而算出：

$$T_J = (J_{L+M})a \tag{7-2}$$

式中　J_{L+M}——负载与转子惯量之和；
　　　a——所需加速度。

连接到电动机轴上的机械系统决定了负载转矩和摩擦转矩。

2. 均方根转矩要求（T_{RMS}）

均方根（Root Mean Square，RMS）转矩可粗略地理解为该应用所需的平均连续转矩，这取决于许多因素，如峰值转矩（T_P）、负载转矩（T_L）、惯性转矩（T_J）、摩擦转矩（T_F）和加速减速及启动次数。

$$T_{RMS} = \sqrt{\frac{T_P^2 T_A + (T_L + T_F)^2 T_R + (T_J - T_L - T_F)^2 T_D}{T_A + T_R + T_D}} \tag{7-3}$$

式（7-3）给出了典型应用所需要 RMS 转矩的计算，其中 T_A 是加速时间，T_R 是启动时间，而 T_D 是减速时间。

3. 转速范围

这里讲的转速指的是驱动应用所需的电动机转速，由应用的类型决定。例如，吹风机等应用的转速变化不太频繁，吹风机的最高转速可以是所需电动机转速的平均值，但是在点对点定位系统（例如高精度传送带运动和机械臂运动）中，就要求电动机的额定转速高于平均移动速度，较高的工作转速是梯形转速曲线的组成部分，使得电动机的平均转速等于系统的移动速度，其梯形曲线如图 7-30 所示。考虑到没有计算在内的各种因素，建议保留 10% 的安全裕度。

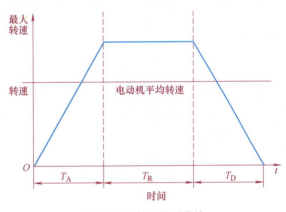

图 7-30　转速梯形曲线

练习题

一、选择题

1. 下面哪项不是永磁无刷直流电动机的优点？（　　）

A. 高速性能不够良好

B. 功率因数高、功率密度大、效率高、低速转矩大

C. 在低速时可以达到理论转矩输出，起动转矩可以达到额定转矩的两倍

D. 转速不受电压与负载变化的影响，转速范围可以由几十转到十万转，转速控制精度高

2. 下面哪项不是永磁无刷直流电动机的缺点？（   ）

A. 电流损耗大，噪声较大

B. 具有绕组式直流电动机的机械特性

C. 永磁体材料在受到高温时，会发生退磁现象

D. 转子在高速旋转时电动机会产生与转速成正比的反电动势，并通过逆变器反接二极管施加在高压母线上

二、判断题

1. 永磁无刷直流电动机采用电力电子逆变器完成直流到交流的转换，即由电子换向取代有刷直流电动机的机械换向。（   ）

2. 永磁无刷直流电机要转动，须先根据转子位置传感器的输出信号确定转子位置，然后通过电子换相线路去驱动电动机本体使电枢绕组依次馈电，从而在定子上产生旋转的磁场，驱动永磁转子转动。（   ）

3. 逆变器功率器件的6种导通组合状态产生6个定子磁势，每两个相差60°。（   ）

学习情境八

开关磁阻电动机

```
          ┌──────────────┐
          │ 开关磁阻      │
          │   电动机      │
          └──────┬───────┘
    ┌───────┬────┴────┬────────┐
┌───┴────┐┌─┴──────┐┌─┴──────┐┌┴───────┐
│开关磁阻││开关磁阻││开关磁阻││开关磁阻电动机│
│电动机的││电动机的││电动机的││       │
│基本结构││工作原理││控制技术││的特点及应用│
└────────┘└───────┘└───────┘└────────┘
```

学习任务1　开关磁阻电动机的基本结构

学习目标：了解开关磁阻电动机的基本结构。
能力目标：培养学生归纳和学习相关资料的能力；掌握1+X技能标准中"2-1新能源汽车动力　驱动电机、蓄电池技术模块"。
素质目标：培养学生的工匠精神。

知识准备

开关磁阻电动机的研究最早可以追溯到19世纪40年代，英国研究者将其应用于机车牵引系统。然而直到20世纪60年代，由于电力电子技术、计算机技术和自动控制理论的发展，开关磁阻电动机的设计开发才得以全面开展，磁阻电动机的优点才被广泛了解。

开关磁阻电动机在20世纪80年代初随着电力电子、计算机技术和控制理论的迅速发展而发展起来，具有结构简单、运行可靠、成本低、效率高等突出优点，目前已成为直流电动机、交流电动机和永磁电动机调速系统强有力的竞争者。

问题引导：开关磁阻电动机的基本结构是怎样的？

开关磁阻电动机的定子与转子都由硅钢片叠压而成，转子上既无绕组也无永磁体，一般装有位置传感器；定子上绕有集中绕组，径向相对的两个绕组串联构成一相绕组。定子与转子均采用凸极铁心结构。定子和转子的凸极有很多组合方式，开关磁阻电动机的定子凸极数量为偶数，转子凸极也为偶数，一般转子比定子少两个，共同组成不同极数的开关磁阻电动机。最常见的三相6/4开关磁阻电动机定子上有6个凸极，转子有4个凸极；四相8/6开关磁阻电动机定子上有8个凸极，转子上有6个凸极，如图8-1所示。定子、转子凸极组合方案见表8-1。

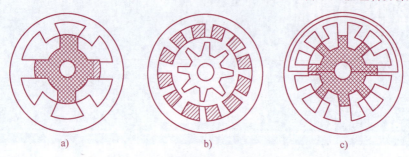

图8-1　最常见的开关磁阻电动机
a) 6/4级　b) 8/6级　c) 12/8级

表8-1　定子、转子凸极组合方案

相数	3	4	5	6	7	8	9
定子极数 N_s	6	8	10	12	14	16	18
转子极数 N_r	4	6	8	10	12	14	16
步进角	30°	15°	9°	6°	4.28°	3.21°	2.5°

学习任务2　开关磁阻电动机的工作原理

学习目标：了解开关磁阻电动机的工作原理。
能力目标：培养学生归纳和学习相关资料的能力；掌握1+X技能标准中"2-1新能源汽车动力　驱动电机、蓄电池技术模块"。
素质目标：培养学生的工匠精神。

知识准备

开关磁阻电动机的定子和转子为双凸极结构，只有在电动机的定子上安装有集中励磁绕组，在相互对称的两个定子凸极上的绕组为串联形式构成一相。定子励磁绕组的端部较短，没有相间跨接线，磁通量集中于磁极区，通过定子绕组电流励磁，在电动机的转子上没有集电环、绕组或永磁体等，转子的旋转依靠定子绕组所产生的电磁力。各相磁路的磁阻随转子位置变化而变化。

问题引导： 开关磁阻电动机的工作原理是怎样的？

开关磁阻电机

三相6/4开关磁阻电动机的截面结构如图8-2所示，每相对的两定子凸极上为相互串联的相绕组（U相绕组、V相绕组、W相绕组），转子沿圆周均匀分布4个凸极，凸极上没有绕组，定子与转子凸极之间有很小的气隙。

转子凸极2-4与W相凸极对齐，转子凸极1-3与U相凸极之间相差一个角度θ（$\theta=30°$）。此时若U相绕组通电，V、W相不通电，则在U相定子中建立了一个以U-U为轴线的对称磁场，磁通经定子轭、定子凸极、转子凸极和转子轭闭合，U-U对称磁场产生的弯曲磁力线沿逆时针方向的切向磁拉力作用于转子上产生转矩，将转子凸极1-3向定子U相轴线方向拖动，使转子逆时针方向旋转。转子凸极轴线1-3逐渐向定子凸极的磁极轴线U-U靠拢，如图8-3所示。当转子转过角度θ，转子凸极1-3与定子凸极U-U对齐时，磁场的切向磁拉力消失，转子将不再旋转。

图8-2　三相6/4开关磁阻电动机的截面结构

当转子转过角度θ，转子凸极1-3与定子凸极U-U对齐时，转子凸极2-4与V相凸极之间相差角度θ。当V相绕组通电，U、W相不通电时，则在V相定子中建立了一个以V-V为轴线的对称磁场，磁通经定子轭、定子凸极、转子凸极和转子轭闭合，V-V对称磁场产生的弯曲磁力线沿逆时针方向的切向磁拉力作用于转子上产生转矩，将转子凸极2-4向定子V相轴线方向拖动，使转子继续沿逆时针方向旋转。转子凸极轴线2-4逐渐向定子凸极的磁极轴线V-V靠拢，如图8-4所示。当转子转过角度θ，转子凸极 2-4 与定子凸极 V-V 对齐时，磁场的切向磁拉力消失，转子将不再旋转。

同理，可以根据图 8-5 所示对 W 相进行分析，若按顺序导通和关断 U-U、V-V、W-W 绕组电流的开关，则电动机转子将按逆时针方向持续旋转；若反顺序导通和关断 W-W、V-V、U-U 绕组电流的开关时，电动机转子将顺时针方向旋转。因此改变定子凸极磁极绕组电流的通电顺序，就可以改变开关磁阻电动机的旋转方向；改变电流的大小则可以改变电动机的转矩和转子转速；若是控制定子凸极绕组的通电时间，则可以产生与转子旋转方向相反的制动转矩。

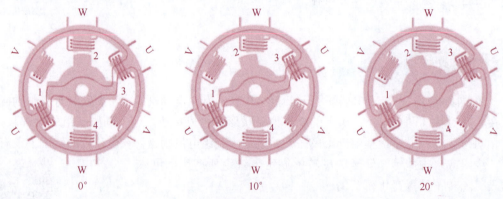

图 8-3 开关磁阻电动机 0°~20°工作原理

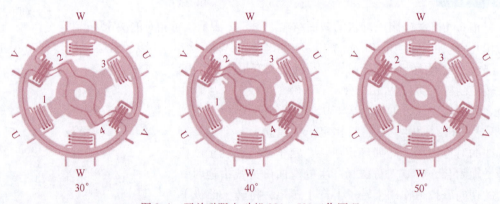

图 8-4 开关磁阻电动机 30°~50°工作原理

图 8-5 开关磁阻电动机 60°~80°工作原理

开关磁阻电动机各相绕组的电流通断是由功率变换器实现的，功率变换器是连接电源与电动机绕组的开关部件。功率变换器的电路有多种形式，并且与开关磁阻电动机的相数、绕组形式（单绕组或双绕组等）有密切关系。

U、V、W各相绕组通断看似很简单，而实际情况则复杂得多，绕组断电后产生的自感电流不会立即消失，要提前关断电源进行续流。为加大转矩，相邻绕组电流导通的时间会有重叠。控制电动机的转速、转矩，也要调整功率器件的开关时间。各相绕组的导通与关断时间与定子和转子之间的相对位置有直接关系，因此开关磁阻电动机安装有转子位置传感器为准确开关各相绕组电流提供信号，各相绕组的通、断电必须根据转子位置信号与控制参数决定，这些都需要控制器对功率变换器进行控制。

学习任务3　开关磁阻电动机的控制技术

学习目标：了解开关磁阻电动机的控制技术。
能力目标：培养学生归纳和学习相关资料的能力；掌握1+X技能标准中"2-1新能源汽车动力　驱动电机、蓄电池技术模块"。
素质目标：培养学生的工匠精神。

知识准备

开关磁阻电动机（Switched Reluctance Drive，SRD）调速系统是继变频调速系统、无换向器电动机调速系统之后发展起来的最新一代交流无级调速系统，它具有结构简单、坚固、成本低、工作可靠、控制灵活、运行效率高等诸多优点，由其构成的传动系统具有交、直流传动系统没有的优点。

问题引导1：开关磁阻电动机控制系统的结构组成是怎样的？

开关磁阻电动机控制系统主要由功率变换器、控制器、位置传感器等组成，如图8-6所示。功率变换器向开关磁阻电动机提供运转所需的能量，由动力蓄电池组或交流电整流后得到直流电供电，开关磁阻电动机绕组电流是单向的。控制器综合处理指令、速度、电流和位置传感器的反馈信号，控制功率变换器的工作状态，实现对开关磁阻电动机的状态控制。

与直流电动机类似，为使噪声减小到最小，开关磁阻电动机的斩波电路频率应高于10kHz。为减少功率器件的数量，充分利用单极工作，有很多种功率变换器电路，但是减少功率器件会带来许多负面影

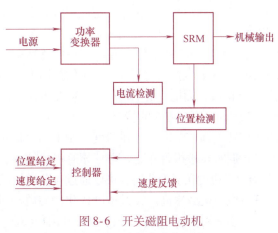

图8-6　开关磁阻电动机控制系统结构示意图

响，如控制性能变差、可靠性降低、工作性能降低、需要额外的无源器件等。图 8-7 所示的功率变换器电路很适合电动汽车用开关磁阻电动机。该电路利用两个功率器件（如 U 相为 VT_1 和 VT_2）和两个续流二极管（U 相为 VD_1 和 VD_2）分别控制相电流，并实现能量回收功能。由于这种电路的拓扑结构每相需要两个功率器件，因此该变换器的成本相对高于一个功率器件的变换器，但是可以单独控制每相绕组，而且不受其他相绕组状态的影响。因此可以采用相重叠使转矩增加，并使恒功率调速范围变宽。

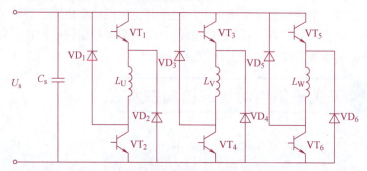

图 8-7 开关磁阻电动机的功率变换器电路

问题引导2： 开关磁阻电动机的控制方式有哪些？

开关磁阻电动机控制系统的可控参数主要有开通角、关断角、相电流幅值以及相绕组端电压。对这些参数进行单独控制或组合控制就能得到不同的控制方法，常用的控制方式有：角度控制（APC）、电流斩波控制（CCC）、电压控制（VC）和组合控制等。

1. 角度控制（APC）

（1）角度控制方式　角度控制方式一般保持电压不变，通过对开通角和关断角进行控制来改变电流波形以及电流波形与绕组电感波形的相对位置。在 APC 控制中，如果改变开通角则可以改变电流的波形宽度、电流波形的峰值和有效值大小以及电流波形与电感波形的相对位置，这样就会对输出转矩产生很大的影响。改变关断角一般不会影响电流峰值，但可以影响电流波形宽度以及与电感曲线的相对位置。电流有效值也随之变化，因此关断角同样对电动机的转矩产生影响，只是其影响程度没有开通角那么大。具体实现过程中，一般情况下采用固定关断角、改变开通角的控制模式。与此同时固定关断角的选取也很重要，需要保证绕组电感开始下降时相绕组电流尽快衰减到零。对应于每个由转速与转矩确定的运行点，开通角与关断角会有多种组合，因此选择的过程中要考虑电磁功率、效率、转矩脉动以及电流有效值等运行指标来确定响应的最佳控制角度。在系统的控制中，要遵循一个原则，即应保证电流波形位于电感波形的下降段，而电动机电动运行时应使电流波形的主要部分位于电感波形的上升段。

（2）角度控制方式的特点

1）转矩调节范围大。在角度控制下的电流占空比的变化范围几乎是 0%～100%。

2）同时导通相数可变。同时导通相数较多，则电动机输出转矩越大，转矩脉动就越小。因此当电动机的负载变化时，可以通过自动增加或减小同时导通的相数来平衡电动机负载。

3）电动机效率高。通过角度优化能使电动机在不同的负载下保持较高的效率。

4）不适用于低速运行，在角度控制中电流峰值主要由旋转电动势限制。当转速降低时，由于旋转电动势减小，容易使相电流峰值超过允许值，因此角度控制一般适用于较高的转速。

2. 电流斩波控制（CCC）

（1）电流斩波控制方式 对于电流斩波控制，一般保持电动机的开通角和关断角不变，而主要以控制斩波电流的上、下幅值进行比较，从而达到调节电动机转矩和转速的目的。其实现方式有以下两种。

1）限制电流上、下幅值的控制。限制电流上、下幅值的控制即在一个控制周期内，给定电流最大值和最小值，使相电流与设定的上、下限制进行比较。当相电流大于设定最大值时，则控制该项功率器件关断，而当相电流降低到设置最小值时，功率器件重新开通，如此反复。这种控制方式，由于一个周期内电感变化率不同，因此斩波频率疏密不均，在电感变换率大的区间，电流上升快，斩波频率一般都很高，开关损耗大，优点是转矩脉动小。

2）电流上限和关断时间恒定。此种方式与上一种控制方式的区别在于，当相电流大于电流斩波上限值时，就将功率器件关断一段固定的时间再开通，重新导通的触发条件不是电流的下限而是定时。在每一个控制周期内，关断时间恒定，但电流下降多少取决于绕组电感量、电感变化率、转速等因素，因此电流下限并不一致。关断时间越长，相电流脉动越大，易出现过斩；关断时间过短，斩波频率又会很高，功率器件的开关损耗增大。应该根据电动机运行的状况不同来选择关断时间。

（2）电流斩波控制的特点

1）适用于低速和制动运行。电动机在低速运行时，绕组中旋转电动势较小，电流上升速度大；在制动运行时，旋转电动势的方向与绕组端电压的方向相同，电流上升的速率比低速运行时更大，电流斩波方式可以有效地限制峰值电流，使电动机获得恒转矩输出的机械特性。

2）电动机输出转矩平稳。电流斩波时，电流波形呈较宽的平顶状，因此电动机的转矩也比较平稳，合成转矩的脉动明显比其他控制方式小。

3）用作调速系统时，抗负载扰动的动态响应慢。在电流斩波控制中，由于电流峰值被限制，当电动机转速在负载扰动下出现突变时，电流峰值无法自适应，系统在负载扰动下的动态响应十分缓慢。

3. 电压控制（VC）

（1）电压控制方式 电压控制是某相绕组导通阶段，在主开关的控制信号中加入PWM信号，通过调节占空比来调节绕组端电压的大小，从而改变相电流值。具体方式是在固定开通角和关断角的情况下，用PWM信号来调制主开关器件相控信号，通过调节此PWM信号的占空比从改变相绕组的平均电压，进而改变输出转矩。

（2）电压控制的特点 该控制方式可以控制斩波频率和占空比两个参数，可控性好。一般情况下斩波频率是固定的，通过选择适当的斩波频率，也就控制了相电流频率。

占空比与相电流最大值之间有较好的线性关系，调节PWM的占空比即可调节相电流最大值。通过PWM方式调节绕组电压平均值，间接调节和限制过大的绕组电流。因此该方式即能用于高速运行又适用于低速运行。

该控制方式适用于转速调节系统，抗负载扰动的动态响应快。其缺点是转矩脉动较大，调速范围有限。

4. 组合控制

对于实际的开关磁阻电动机的控制，可以根据不同的运行工况并结合上述控制方式的优、缺点，选用几种控制方式的组合，使电动机调速系统的性能更好。目前比较常用的组合控制方式有以下两种：

（1）高速与低速电流斩波控制组合　高速时采用角度控制方式，低速时采用电流斩波控制方式。这有利于发挥两者的优点。这种组合控制方式的缺点是对中速时的过渡不容易掌握。一般要求在升速时的转换点和在降速时的转换点之间要有一定的回差，应使前者略高于后者并要避免电动机在速度切换点频率转换。

（2）变角度电压 PWM 控制组合　通过电压 PWM 来调节电动机的转速和转矩，通过调节功率器件触发角来解决相电流变化滞后的问题。在这种工作方式下，转速和转矩的调节范围大，高速和低速均有较好的电动机控制特性，且不存在两种控制方式相互转换的问题。目前该组合控制方式已经得到了广泛应用。

问题引导 3： 开关磁阻电动机的功率变换器的类型有哪些？

功率变换器是驱动系统的重要组成部分，它直接影响着系统的成本和性能，所起的主要作用有：连接电源与电动机，为其正常运行提供电能，满足所需的机械能转换；开关作用，使绕组与电源接通或者断开；续流作用，为绕组储能的回馈提供路径。功率变换器的合理设计是提高开关磁阻电动机调速系统性能的关键因素之一。由于开关磁阻电动机转矩方向与绕组电流方向无关，仅取决于绕组通电的顺序，即只需要单方面绕组电流，所以功率变换器设计较为简单、灵活。

理想的功率变换器主电路结构应同时满足以下要求：

1）少而有效的主开关器件。
2）可以将全部电源电压加给电动机绕组。
3）可以通过主开关器件调制，有效控制每相电流。
4）可以迅速增加相绕组电流。
5）在负半轴绕组磁链减少的同时，能将能量回馈给电源。

1. 双开关型功率变换器

双开关型功率变换器电路每相有两个主开关器件及两个续流二极管。当两个主开关器件同时导通时，电源向电动机绕组供电；同时断开时，相电流通过续流二极管续流，将电动机绕组中磁场储能以电能形式迅速回馈电源，实现强迫换相。

图 8-8 所示为双开关型功率变换器电路。该电路尤其适用于电动汽车的开关磁阻电动机的驱动。它利用两个功率器件来独立控制每相电流，利用两个续流二极管把存储的电磁能回馈给电动汽车蓄电池充电。尽管在这种电路拓扑结构中每相需要两个功率器件，功率变换

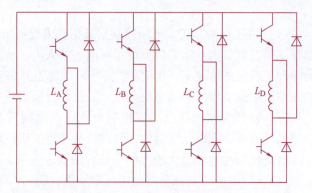

图 8-8　双开关型功率变换器电路

器成本要高于一个功率器件的功率变换器，但其桥臂可以单独控制每相绕组而不受其他绕组运行的影响，因此可以实现两相同时工作互不影响，从而增加转矩提升电动汽车驱动性能。

2. 双绕组型功率变换器

该功率变换器电路中，每相有主、副两个绕组，主、副绕组双线并绕，同名端反接，匝

数比为1:1。当主开关导通时,电源对主绕组供电;当主开关关断时,靠磁耦合将主绕组的电流转移到副绕组,通过二极管续流,向电源迅速回馈电能,实现强迫换相。其缺点是主、副绕组之间不可能完全耦合,主开关关断时会产生较高的冲击电压,对主开关器件的额定工作电压要求较高,并需要良好的吸收网络;同时,由于电动机采用双绕组结构,绕组利用率下降,铜损增加,体积增大。这种主电路可以适用于任意相数的开关磁阻电动机,尤其适宜低压直流电源供电的场合。其基本电路如图8-9所示。

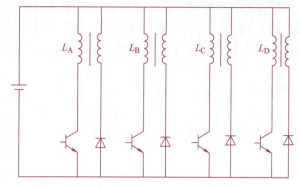

图8-9 双绕组型功率变换器电路

3. 电容裂相型功率变换器

电容裂相型功率变换器电路(图8-10)是将整流输出的电压通过双电容裂相形成的电路,其电容同时还起到滤波、存储绕组回馈能量的作用。采用这种电路可对电动机的各相进行独立控制,每相只需要一个主开关器件和一个续流二极管。因为裂相电容上的电压需要保持平衡,同两个电容并联的绕组数必须相等,且上、下桥电容只能轮流或同时给电动机绕组供电,因而此功率变换器只适用于相数为偶数的开关磁阻电动机。

4. H桥型功率变换器

H桥型功率变换器电路(图8-11)可以看作电容裂相电路取消了电容器分压,并将各相绕组中点浮空而形成的电路。换相时,磁能以电能形式一部分回馈电源,另一部分注入导通相绕组,引起中点电位的较大浮动。它要求每一瞬间必须上、下各有一相导通。该电路的优点是可以实现零压续流,提高系统控制性能;缺点是电动机每相绕组的外施电压为电源电压的一半,而且任何一相绕组电路必须以其他绕组为通路,因此只能工作在两相同时通电时,缺少了一些控制的灵活性。

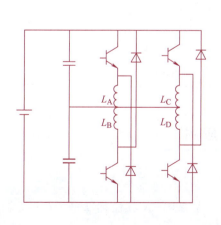

图8-10 电容裂相型功率变换器电路

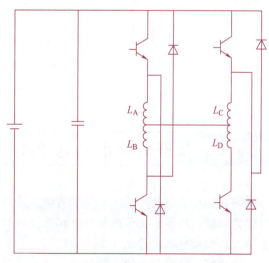

图8-11 H桥型功率变换器电路

5. 能量回收型功率变换器

能量回收型功率变换器通常有谐振能量回收、阻尼能量回收以及斩波能量回收几种形式。图 8-12 所示为斩波能量回收型功率变换器电路。当主电路开关开通时，绕组通电建立磁链；当其关断时，续流二极管将绕组电流续流，从而绕组中磁能以电能形式存储于电容器上，并回馈给电源。该电路最大的优点是效率高，但由于增加了二次馈电的斩波器使得控制较复杂。

6. 最少开关器件型功率变换器

图 8-13 所示为最少开关器件型功率变换器电路。在该电路结构中，每个主开关器件连接一个以上的相绕组，

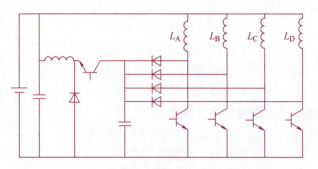

图 8-12　斩波能量回收型功率变换器电路

每个绕组连接在上、下主开关器件之间。该电路允许利用总电源来增大或减少相电流，但由于每个主开关器件为两个绕组共用，将导致相电流下降时间增加，这使得增加电动机相数、减少转矩脉动又不增加变换器成本成为可能，但是由于电流的增加，使得相绕组电流下降较慢。

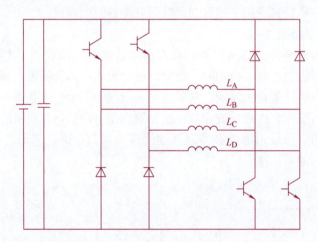

图 8-13　最少开关器件型功率变换器电路

学习任务 4　开关磁阻电动机的特点及应用

学习目标：了解开关磁阻电动机的特点及应用。

能力目标：培养学生归纳和学习相关资料的能力；掌握 1＋X 技能标准中"2-1 新能源汽车动力　驱动电机、蓄电池技术模块"。

素质目标：培养学生的工匠精神。

知识准备

开关磁阻电动机是集现代微电子技术、数字技术、电力电子技术、红外光电技术及现代电磁理论、设计和制作技术为一体的光、机、电一体化高新技术。英、美等经济发达国家对开关磁阻电动机调速系统的研究起步较早,并已取得显著效果,产品功率等级从数瓦直到数百千瓦,广泛应用于家用电器、航空、航天、电子、机械及电动车辆等领域。

问题引导1: 开关磁阻电动机的性能要求有哪些?

对于开关磁阻电动机性能要求主要体现在相数和极数、极弧、定子直径和铁心长度、气隙长度和转子外径、转子极高、定子极高等方面。

1. 相数和极数

为实现良好的电动机性能,相数和极数的选择很重要。为了满足新能源汽车驱动电机正、反转起动和运行,开关磁阻电动机至少为三相6/4极。三相6/4极开关磁阻电动机的价格最低、效率最高,但是它的转矩脉动大,导致汽车的爬坡性能降低。四相8/6极开关磁阻电动机尽管转矩脉动小,能够满足汽车的爬坡性能,但成本较高、效率较低。三相12/8开关磁阻电动机是三相6/4极和四相8/6极开关磁阻电动机的折中方案。所以相数和极数的选择应既满足新能源汽车的性能要求,又要兼顾成本。需要注意的是相数和极数越多,所需要的功率开关器件就越多,开关频率也越高,从而带来成本和开关损耗的增加。定子和转子的极数 p_s 和 p_r 分别为

$$p_s = 2km \tag{8-1}$$

$$p_r = 2k(m \pm 1) \tag{8-2}$$

式中 m——相数;
k——系数。
m 和 k 均为正整数。

当转子转速为 n 时,每相的切换频率 $f_{ph} = p_r \dfrac{n}{60}$。为减小开关频率并减小电动机齿部和轭部的铁损耗,转子极数一般小于定子极数。

2. 极弧

当转子处于定子、转子错开的位置时,为了使最小电感 L_{min} 的磁导率增大并增加重叠转矩,开关磁阻电动机的极弧遵循式(8-3):

$$\min(\beta_s, \beta_r) > \frac{2\pi}{mp_r} \tag{8-3}$$

式中 β_s——定子极弧;
β_r——转子极弧。

极弧组合的最优选取,不仅考虑最大的电感变化率,还要考虑转矩波动、起动转矩和磁饱和特性。

3. 定子直径和铁心长度

在设计电动机机座时,有两个重要参数需要优化,即定子内径 D_{si} 和铁心长度 L_c。它们对电动机材料的体积和质量都有重要影响。可以按下列公式进行初步选择:

$$D_{si} = (0.5 \sim 1.0) D_{so} \tag{8-4}$$

$$L_c = (0.5 \sim 1.0) D_{so} \tag{8-5}$$

式中　D_{so}——定子外径。

4. 气隙长度和转子外径

开关磁阻电动机选择较小的气隙会带来较大的电感变化率,从而使电动机获得高转矩密度、高效率,但气隙越小,定子内表面和转子表面的加工就越困难,电动机成本就越高。根据设计经验,开关磁阻电动机的气隙长度应等于或小于同直径感应电动机的气隙长度。当气隙选择好后,可根据式(8-6)确定转子外径(D_{ro}):

$$D_{ro} = D_{si} - 2g_o \tag{8-6}$$

式中　g_o——气隙长度。

问题引导2: 开关磁阻电动机有哪些特点?

与当前广泛应用的交流电动机相比,开关磁阻电动机驱动系统在设计成本、运行效率、调速性能、可靠性和散热性能等方面具有一定的优势。综合分析比较,开关磁阻电动机驱动系统主要有以下几方面特点:

1)开关磁阻电动机结构简单、紧凑牢固,适于在高速、高温环境下运行。开关磁阻电动机为凸极结构,转子上没有绕组或永磁体,转动惯量小,易于加、减速,特别适用于高速旋转的工作环境。定子绕组为集中绕组,制造简单,且端部短而紧凑,易于冷却。因此该电动机适用于工作条件恶劣(高温)甚至强振动的环境,并且维护简单,具有良好的环境适应能力。

2)功率转换器结构简单,容错能力强。由于转矩和励磁绕组电流方向无关,因此可以减少功率转换器的开关器件个数,系统可以短相工作,容错能力强。系统中的每个功率开关器件均直接与绕组串联,避免了直通短路的危险。因此功率电路的保护电路可以简化,提高了系统的可靠性。

3)可控参数多,调速性能好。开关磁阻电动机驱动系统参数主要有开通角、关断角、相电流幅值和相绕组电压,可控参数多,控制较为灵活,可以采用多种控制方式使电动机运行于最佳状态,而且可以在不增加辅助开关器件的情况下实现电动机四象限运行。

4)起动转矩大,调速范围宽。开关磁阻电动机起动转矩较大,并且可以在较宽速度范围内实现恒功率运行,适用于频繁起停及正反方向的交替运行。

5)效率高、功耗小。由于开关磁阻电动机转子不存在绕组,降低了电动机的铜损耗,并且能在很宽的功率和转速范围内都保持高效率。

问题引导3: 开关磁阻电动机调速系统有哪些特点?

相比于直流调速系统和交流调速系统,开关磁阻电动机调速系统具有以下特点:

1)调速性能好,系统有4个可控参数:开通角、关断角、绕组相电流幅值和直流电源

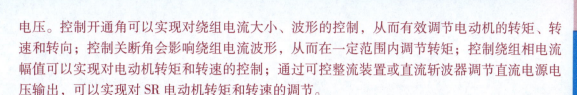

电压。控制开通角可以实现对绕组电流大小、波形的控制，从而有效调节电动机的转矩、转速和转向；控制关断角会影响绕组电流波形，从而在一定范围内调节转矩；控制绕组相电流幅值可以实现对电动机转矩和转速的控制；通过可控整流装置或直流斩波器调节直流电源电压输出，可以实现对 SR 电动机转矩和转速的调节。

2）调速系统结构简单、可靠，能够在恶劣条件下运行。SR 电动机转子无绕组、永磁体和集电环，只有硅钢片叠压而成的转子铁心。定子绕组为集中式绕组，端部接线短，是一种结构最简单的电动机。由于 SR 电动机转矩方向与绕组电流方向无关，所以功率变换器只需要提供单向电流，所以其开关器件数量较少，并且开关器件与绕组串联，不会出现传统逆变器的直通短路故障。

3）在宽广的转速与功率范围内均具有较高的效率。

4）电动机的转矩脉动比较大。目前致力于减小电动机转矩脉动的控制方法是该领域的研发热点之一。

练 习 题

一、选择题

1. 下面哪项不是开关磁阻电动机的优点？（　　）
   A. 结构复杂　　　　B. 运行可靠　　　　C. 成本低　　　　D. 效率高
2. 下列不是开关磁阻电动机控制系统的组成部分的是哪项？（　　）
   A. 功率变换器　　　B. 控制器　　　　　C. 位置传感器　　D. 逆变器

二、判断题

1. 开关磁阻电动机的定子与转子都是由硅钢片叠压而成的。（　　）
2. 开关磁阻电动机转子上既无绕组也无永磁体。（　　）
3. 开关磁阻电动机一般无须安装位置传感器。（　　）

学习情境八　开关磁阻电动机

学习情境九

能量回馈制动控制系统

- 能量回馈制动控制系统
  - 能量回馈制动的控制策略
  - 能量回馈制动的基本原理
  - 能量回馈制动的回馈方式

学习任务1　能量回馈制动的控制策略

学习目标： 了解能量回馈制动的控制策略。
能力目标： 培养学生归纳和学习相关资料的能力。
素质目标： 培养学生的创新意识。

知识准备

电动汽车对能源的高效利用是发挥其节能和环保优势的关键。电动汽车的关键部件是动力蓄电池，动力蓄电池储存能量的多少是决定电动汽车续驶里程的重要因素。但是目前动力蓄电池技术仍然是发展电动汽车的瓶颈，未能取得突破性进展，电动汽车的续驶里程还不能完全满足用户的需求。研究表明，在城市行驶工况大约有50%甚至更多的驱动能量在制动过程中损失掉，郊区工况也有至少20%的驱动能量在制动过程损失掉。因此制动能量回收是提高汽车能量利用效率的有效措施，对汽车的节能和环保有着不可替代的作用。如果将车辆减速时的动能转化为电能，回收到动力蓄电池，而不是摩擦浪费掉，这无疑相当于增加了蓄电池的容量。在现有的技术条件下，这样做对于提高电动汽车的续驶里程性能方面具有重要的意义。一般来讲在动力蓄电池充电效率为100%，电动机效率、制动回馈效率为50%，车辆总消耗能量的50%用于获得车辆动能的设定条件下，基于能量守恒而解析计算得到，采用再生制动能量回收可提高车辆续驶里程33%。

问题引导1： 能量回馈制动的控制策略是怎样的？

制动能量回收控制策略是指确保整车制动安全、稳定和舒适性的情况下，根据加速踏板的开度、车辆行驶速度、蓄电池荷电状态和驱动电机工作特性等参数，同时考虑蓄电池存储能量的能力、驱动电机能量回馈功率以及发电效率等诸多限制条件，控制纯电动汽车的机械摩擦制动和驱动电机制动，使制动能量的回收量最多的控制方法。现阶段较常见的能量回馈控制策略有最大再生回馈功率控制、最大制动回馈效率控制和制动力矩再生制动控制等。

1. 最大再生回馈功率控制

不考虑储能装置充电能力，通过控制驱动电机的电枢电流来控制再生制动时能量的回收量，当电流 $I = \dfrac{E}{2R}$ 时为最大回馈功率制动，此时驱动电机的转速呈指数规律下降；由于这种方式要求在制动时回馈功率远小于储能装置充电功率，回收效率很低，因此只适应于微型电动车。

2. 最大制动回馈效率控制

通过控制最大制动回馈效率时驱动电机的电枢电流来控制能量的回收量，此时驱动电机的转速以抛物线规律下降；虽然这种方式在制动时回馈效率是最高的，但是所消耗的时间比较长且制动效能也比较差。

3. 制动力矩再生制动控制

以所需制动力矩为基准，控制驱动电机电枢电流随操作指令变换而变化，从而调节驱动电机制动力矩，此时驱动电机转速呈线性下降。在这种方式下的制动近似传统的摩擦制动，故制动平顺性好且回收效率较高，比较容易实现控制。

问题引导2： 制动能量回收的影响因素有哪些？

影响制动能量回收能力的因素有很多，主要有驱动电机、储能装置、行驶工况以及控制策略等。对这些影响因素进行分析，则可以优化制动能量回收系统，有效地提高系统的能量回收效率以及稳定性和安全性。

1. 驱动电机

驱动电机对制动能量的回收有着非常大的作用，若其可提供的制动能力强，则调配机械摩擦制动与再生制动时，加大再生制动的份额就能够增加能量的回馈量；若其发电能力强，即驱动电机的电功率高，则能量的回收能力就强；同时驱动电机的机械效率等也同样限制着能量的回收能力。所以在现阶段永磁无刷直流电动机（PMBLDCM）、交流感应电动机（ACIM）以及开关磁阻电动机（SRM）是最适合纯电动汽车的驱动电机。

2. 储能装置

现阶段车载储能装置主要有蓄电池、燃料电池、超级电容器以及飞轮等几种，其中使用较多的是蓄电池。储能装置的荷电状态（SOC）直接制约着能量回收量，是最主要的影响因素。若储能装置电量充足，则制动能量就不能进行回收；若储能装置充电电流超过其允许范围或者驱动电机输出的电功率超过储能装置最大的充电功率，也无法回收制动能量。

3. 行驶工况

制动频率较高的工况，如城市中车辆需频繁起步与停车，此时回收的制动能量较多；制动频率较低的工况，如高速公路中车辆很少进行减速制动，此时只有较少的能量回收。

4. 控制策略

当驱动电机和储能装置确定后，制动能量的回馈量由其控制策略决定。控制策略确定了机械摩擦制动与驱动电机制动之间的分配关系，确定了储能装置的充电和放电状态，同时也确定了制动过程中能量的回馈量。

学习任务2　能量回馈制动的基本原理

学习目标： 了解能量回馈制动的基本原理。
能力目标： 培养学生归纳和学习相关资料的能力。
素质目标： 培养学生的创新意识。

知识准备

制动能量回收也称为再生制动，是利用驱动电机处于发电状态，把一些动能转变为电能并存储起来，为汽车行驶提供必要的功率和能量，从而实现能量的循环利用，并且也提供一定的力矩用于制动。

问题引导1： 纯电动汽车制动能量回收系统由哪些部分组成？

纯电动汽车制动能量回收系统主要由整车控制器、储能系统（动力蓄电池组）、电机控制器、驱动电机、液压系统以及传动装置等部分组成，如图9-1所示。整车控制器通过CAN总线给蓄电池管理系统和电机控制系统信号，蓄电池为整个系统提供能量并回收能量，整车控制器通过CAN总线给电机控制器信号来控制驱动电机工作于驱动与发电模式，实现汽车的正常行驶与制动。

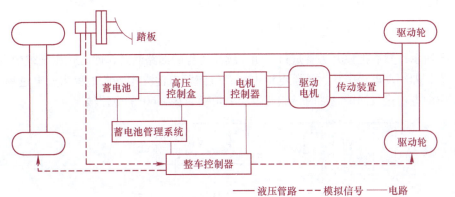

图9-1 纯电动汽车制动能量回收系统

驱动电机
能量回收

问题引导2： 纯电动汽车制动能量回收系统的工作原理是怎样的？

正常行驶时，纯电动汽车的整车控制器接收到加速信号并将信号传递给电机控制单元，从而驱动驱动电机来使汽车行驶。处于制动时，根据车速和制动踏板等信号，整车控制器通过电机控制器逆变器来实现驱动电机由电动模式转换为发电模式，且根据驱动电机的运行速度来调节逆变器的输入电压以实现驱动电机调压控制，此时驱动电机同时提供制动力矩。然后，整车控制器经过内部滤波电路等来稳定蓄电池电压，并将制动能量回馈给高压蓄电池进行充电。同时，整车控制器依据制动能量回收控制策略动态调节液压机械制动和驱动电机制动来满足汽车制动的要求。

根据制动能量回收系统的结构以及工作原理，如图9-2所示，由电机控制器控制逆变器以及整流电路等开关管导通与断开，来实现车辆在爬坡或加速行驶时蓄电池向驱动电机和负载供电，以及在减速制动时驱动电机对蓄电池进行充电。

以永磁无刷直流电动机作为驱动电机为例，其具有电动以及发电这两种工作模式，纯电动汽车在匀速或者加速行驶过程中，驱动电机工作于电动模式；在减速制动行驶过程中，驱动电机工作于发电模式，此时进行能量回馈。

当驱动电机工作为电动模式时，逆变器下半桥的开关管处于常通状态，对上半桥的开关管进行PWM控制，通过控制驱动电机的三相按顺序导通而产生转矩推动汽车行驶。当驱动电机从电动模式切换到发电模式时，逆变器上半桥的开关管处于截止状态，对逆变器的下半桥开关管进行PWM控制，假设下半桥某开关管导通，回路电流逐渐上升，相电感积蓄能量，此为续

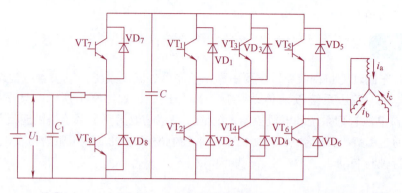

图 9-2 电机控制器控制逆变器

流过程,如图 9-3 所示;然后把该开关管进行关闭,续流过程的回路断开,此时三相绕组中有很高的电动势产生,即驱动电机电压大于蓄电池电压,故向蓄电池充电,此过程为充电过程,如图 9-4 所示。驱动电机进行回馈制动时,相变量的电角度为 0°~60°的电流情况。

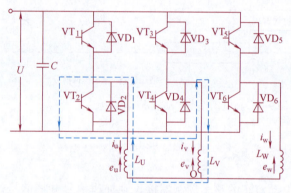

图 9-3 续流过程

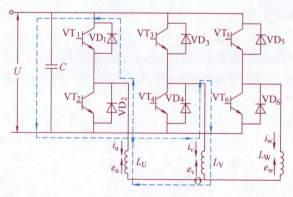

图 9-4 充电过程

续流过程:当开关管 VT_2 导通时,形成了 VT_2→VD_4 二极管→V 相绕组→U 相绕组→VT_2 的续流回路,该能量存储于驱动电机的绕组电感中,因此其电流不断增大。

充电过程:关断 VT_2 管使续流过程切换至充电过程,充电回路为 U 相绕组→VD_2 二极管→双向 DC/DC 变换器-蓄电池→VD_4 二极管→V 相→U 相,续流过程中储存在电感中的能量将被释放出来,存储到蓄电池中,因此其电流不断减小。

学习任务3　能量回馈制动的回馈方式

学习目标：了解能量回馈制动的回馈方式。
能力目标：培养学生归纳和学习相关资料的能力。
素质目标：培养学生的创新意识。

能量回馈制动系统在汽车制动时可以将能量回馈到蓄电池，以提高整车运行效率和电动汽车的续驶里程。同时，能量回馈制动系统可以实现汽车的电气制动。能量回馈制动控制技术已经成为电动汽车的核心技术之一。

例如，无刷直流电动机能量回馈制动过程中，控制驱动器使电流方向与正向运行时相反，便会产生制动性质的转矩。当产生的电压高于蓄电池时，可以将电流回馈至蓄电池，达到能量回馈的目的。

无刷直流电动机能量回馈制动时会有两种情况：一是制动初期驱动电机转速高，产生的电动势高于蓄电池电压，采用三相整流回馈方式；二是驱动电机转速低，产生的电动势低于蓄电池电压，采用斩波升压回馈方式。

问题引导1： 三相整流回馈方式是怎样实现的？

在回馈控制阶段，将上桥臂的功率管关断，根据位置传感器信号对下桥臂的功率管的通断进行有规律的 PWM 控制，可以起到与 Boost 变换器相同的效果。与 Boost 变换器的工作过程类似，在一个 PWM 开关周期内，无刷直流电动机的能量回馈控制过程也可以分为两个阶段。

1. 续流阶段

在续流阶段，无刷直流电动机的电流流向 VT_2，VT_2 导通为电流提供续流通道，如图9-5所示。在此阶段电能将存储于三相绕组的电感中。

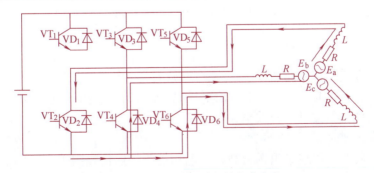

图9-5　无刷直流电动机的电流流向

2. 回馈阶段

在 VT_2 关断期间，在反电动势与三相绕组寄生电感的共同作用下，之前存储于三相绕组之内的能量与反电动势一起向蓄电池共同回馈能量。在此阶段,无刷直流电动机的电流流向如图 9-6 所示,VT_2 关断,电流经 VD_1 回馈至蓄电池,同样存在通过 VD_4 和 VD_6 流向 B 相和 C 相的电流通路。

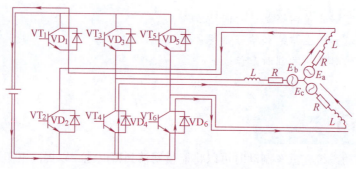

图 9-6　无刷直流电动机的回馈阶段电路

充电过程中产生的泵升电压随着 PWM 控制的占空比的增大而增大。

问题引导 2： 斩波升压回馈方式是怎样实现的?

当车速没有超过基速时的减速过程中,驱动电机处于发电状态,将电动车减速过程中的部分动能回馈到蓄电池。驱动电机进入发电工作状态,其发电电压必须高于蓄电池电压才能输出电功率,所以需要对制动过程进行有效控制。其控制原理为升压斩波控制方式。

Boost 变换器的主电路拓扑结构如图 9-7 所示,通过对功率管 VT_1 的 PWM 开关控制,达到控制输出电压的目的。Boost 变换器又称为升压斩波变换器。

通过分析一个 PWM 周期的工作状态来分析其工作原理：在 VT_1 导通期间,电源通过 VT_1 向电感 L 充电,电流逐渐增大,直到 VT_1 关断时刻达到最大值,VT_1 关断后直至该周期结束,电源与电感共同向负载供电,电流逐渐减小。在 VT_1 开通的时间周期内是电源 E 向电感存储能量的过程,而后一阶段电感处于释放能量的状态。把同一周期内的 VT_1 导通区间与关断区间的电流变化量进行比较,可以得到

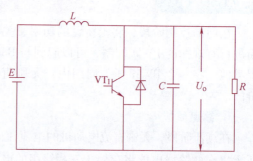

图 9-7　Boost 变换器的主电路拓扑结构

$$U_o = \frac{E}{(1-a)} \tag{9-1}$$

通过调节 VT_1 控制信号的 PWM 占空比可以调节输出电压。由于 $a<1$,由式（9-1）可得输出电压 $U_o > E$（蓄电池电压）,即输出电压高于电源电压,因此称此种结构的电路为升压斩波电路。电感上的储能作用是产生泵升电压的主要原因。

直流斩波电路的测量

有两种方法将这一原理应用在无刷直流电动机能量回馈控制中：一种是在全桥驱动器和蓄电池之间加上升压 Boost 变换器,另一种是利用驱动器本身的 PWM 调制产生类似 Boost 变换器的功能。第二种方式利用驱动器本身的 3 个负半桥 IGBT 达到这一目的,无须外加电路,因此电动汽车中多利用第二种方式。

问题引导3： 能量回馈所具备的条件有哪些？

电动车用无刷直流电动机驱动系统的能量回馈过程要受到车辆运行状态的限制。能量回馈过程还要受到制动安全和蓄电池充电安全等条件的限制，包括蓄电池荷电状态（SOC）、驱动电机的回馈能力和当前转速等，回馈制动控制策略需要与整车制动要求紧密结合。在实际应用中回馈制动应满足一定的约束条件，并采取相应的控制策略。在回馈制动过程中，相应的主要约束条件如下：

1. 满足制动安全的要求

在回馈制动过程中，制动安全是第一位的，因而根据整车的制动要求，回馈制动系统应保持一定的制动转矩，以保证整车的制动效能如制动减速度、制动距离等。在一般的减速过程中，回馈制动可以满足要求。当制动力矩需求大于系统回馈制动能力时，还需要采用传统的机械制动。此外，当转速低至回馈制动无法实现时，也需要采取其他制动方式辅助制动运行。

2. 电动机系统的回馈能力

回馈制动系统工作过程中，应考虑驱动电机系统在发电过程中的工作特性和输出能力。因此需要对回馈过程中的电流大小进行限制，以保证驱动电机系统的安全运行。

3. 蓄电池组的充电安全

电动汽车常用的能源多为铅酸蓄电池、锂离子蓄电池、镍氢蓄电池等。充电时，应避免充电电流过大，损坏蓄电池。因此回馈制动系统的容量除了要考虑驱动电机系统的回馈能力，还应包含蓄电池的充电承受能力。由于回馈制动过程时间有限，因此主要约束条件为充电电流的大小。

练习题

一、选择题

1. 采用再生制动能量回收可提高车辆续驶里程（   ）。
   A. 33%   B. 40%   C. 50%   D. 67%

2. 纯电动汽车（   ）主要由整车控制器、储能系统（动力蓄电池组）、电机控制器、驱动电机、液压系统以及传动装置等部分组成。
   A. 电机驱动系统   B. 制动能量回收系统
   C. 传动系统   D. 冷却系统

二、判断题

1. 制动频率较高的工况，如城市中车辆需频繁起步与停车，此时回收的制动能量较少。（   ）

2. 制动频率较低的工况，如高速公路中车辆很少进行减速制动，故有较多的能量回收。（   ）

3. 由电机控制器控制逆变器以及整流电路等开关管导通与断开来实现车辆在爬坡或加速行驶时蓄电池向驱动电机和负载供电以及在减速制动时驱动电机对蓄电池进行充电。（   ）

4. 有能量回馈制动时，无须再采用传统的机械制动。（   ）

5. 无须对回馈过程中的电流大小进行限制。（   ）

参 考 文 献

[1] 张之超,邹德伟. 新能源汽车驱动电机与控制技术 [M]. 北京:北京理工大学出版社,2016.
[2] 朱小春. 驱动电机及控制技术 [M]. 北京:清华大学出版社,2017.
[3] 孙逢春. 电动汽车工程手册:第五卷 驱动电机与电力电子 [M]. 北京:机械工业出版社,2020.
[4] 王晶,李波. 新能源汽车技术 [M]. 上海:上海交通大学出版社,2017.
[5] 王毅,巩航军. 新能源汽车电机驱动系统检修 [M]. 北京:机械工业出版社,2019.
[6] 严朝勇. 电动汽车电机控制与驱动技术 [M]. 北京:机械工业出版社,2018.
[7] 曾鑫,刘涛. 新能源汽车动力电池与驱动电机 [M]. 北京:人民交通出版社,2017.
[8] 邹国棠. 电动汽车电机及驱动设计、分析和应用 [M]. 樊英,王政,王伟,等译. 北京:机械工业出版社,2018.